Aufbaukurs Deutsch
—verbesserte Ausgabe

Masahiko Ozono

Roland Schulz

SANSHUSHA

音声ダウンロード＆ストリーミングサービス（無料）のご案内

https://www.sanshusha.co.jp/text/onsei/isbn/9784384131079/

本書の音声データは、上記アドレスよりダウンロードおよびストリーミング再生ができます。ぜひご利用ください。

Download

Streaming

～各駅停車の旅に出かけよう～

　初級ドイツ語の勉強を一通り終えた（と思う）けれど，なんとなくあいまいなところがある（気がする）。もう少ししっかりと足固めをしながら，さらにドイツ語の勉強を続けたい。そのような学習者の皆さんのことを考えながら本書を作成しました。さまざまな学習動機を持ったさまざまなレベルの学習者が，それぞれの形で，無理なくドイツ語学習を続けられるようサポートする——これがこの本の基本的なコンセプトになっています。

　本書は，「読む・書く・聞く・話す」という4技能のバランスを配慮したドイツ語の中級総合教科書です。初級教材にはいろいろなタイプのものがありますが，どのような教材で勉強してきた学習者にも対応できるよう，最大限の配慮をしました。初級で詳しく取り上げられないことのある項目として，本書では特に，動詞の文法カテゴリー（時制・法・態）および複合文（副文・不定詞構造など）に焦点を当て，詳しく扱っています。それ以外の項目についても，各所に復習のための要素がちりばめられています。既習項目で確かめたいところがあったら，本書の初めに「初級文法のまとめ」を掲載しましたので参照してください。各課の構成と特徴は次の通りです。

● **メイン・ダイアローグ**では，身近で飾らない日常のシーンを再現。聞く練習，話す練習に集中できるよう，初めから単語の意味や日本語訳を提示しています。
● **文法**は，常にダイアローグと連動。言語運用に即した実際的な構成になっています。自宅でも学習できるよう，しっかりと解説を加えました。
● 運用能力の定着を目指す**練習**は，同じ単語や類似の言い回しが，少しずつパターンを変えながら繰り返し出てくるよう作られています。
● 練習の途中には，息抜きの**文化コーナー**。学習項目外という位置づけで，ドイツ語のテキストも入っています。音声データも用意されていますので，視覚と聴覚の両面からドイツ語を楽しんでください。
● 巻末の**動詞変化表**には，メイン・ダイアローグに出てくるすべての動詞とその他の箇所から重要な動詞を選んで掲載。例文とともに紹介しています。

　ドイツ語を学び始めたときのようなわくわくする気持ちはもうないかもしれません。でも不思議なことに，ドイツ語との付き合いの中で，私たちの目に映る風景は確かに変化し続けています。周囲の風景に目を向けることができるようになったこれからが，本当の意味での学習の始まりなのかもしれません。興味深い風景を楽しみながら，まだまだのんびりと，ドイツ語の旅を続けていきませんか。

　本書の作成にあたっては，三修社編集部の菊池暁さん，校正段階では清水邦子さんにお世話になりました。また佐藤睦美さんには，ハンナ，ティーロ，ナオキたちの日常を描いていただきました。ありがとうございました。

改訂版について

　文化コーナーの情報をアップデートするとともに，特に「聞く」練習の充実を図りました。

著　者

INHALT
もくじ

ドイツ語圏地図

	Deutschland	Österreich	Schweiz	Liechtenstein
	Bundesrepublik Deutschland ドイツ連邦共和国	Republik Österreich オーストリア共和国	Schweizerische Eidgenossenschaft スイス連邦	Fürstentum Liechtenstein リヒテンシュタイン公国
首都	Berlin	Wien	Bern	Vaduz
面積	35万7000km²	8万400km²	4万1000km²	160km²
人口	8440万人	910万人	870万人	3.9万人
通貨	Euro ユーロ	Euro ユーロ	CHF スイス・フラン	CHF スイス・フラン

001

原 則

アルファベットの発音が基本。

最初の母音を強く読む。

強く読む母音は，あとの子音字が ▶一つなら長く　▶二つなら短く。

Name [ná:mə ナーメ] 名前　　Ball [bal バル] ボール

※外来語は注意が必要

Café [kafé: カフェー] 喫茶店（◀フランス語）

Familie [famí:liə ファミーリエ] 家族（◀ラテン語）

E-Mail [í:meɪl イーメイル] E メール（◀英語）

Handy [héndi ヘンディ] 携帯電話（◀英語）

※アクセントのない前つづり ▶ be-, emp-, ent-, er-, ge-, ver-, zer-

bekommen [bəkɔ́mən ベコンメン] 得る

002

注意すべき母音

ä	[ɛ: / ɛ]	Nähe [nɛ́:ə ネーエ] 近く	
ö	[ø: / œ]	Körper [kœ́rpɐ ケルパー] 体	
ü	[y: / ʏ]	Gefühl [gəfý:l ゲフュール] 感情	
y	[y: / ʏ]	System [zʏsté:m ズュステーム] システム	
母音 + **h**（長音）		Ruhe [rú:ə ルーエ] 静けさ	
aa	[a:]	Saal [za:l ザール] ホール	
ee	[e:]	Idee [idé: イデー] アイデア	
oo	[o:]	Boot [bo:t ボート] ボート	
ie	[i:]	Ziel [t͡si:l ツィール] 目的	

※ただし外来語：Familie [famí:liə ファミーリエ] 家族

> **補助記号**
>
> [t͡s] などの‿は途切れなく連結して発音されることを示します。
>
> [ɐ̯] などの ̯は単独で音節を形成しないことを示します。他の母音に続けて軽く発音します。

au	[aʊ̯]	Haus [haʊ̯s ハオス] 家	
ei	[aɪ̯]	Geist [gaɪ̯st ガイスト] 精神	
eu, äu	[ɔy̯]	Leute [lɔ́y̯tə ロイテ] 人々	
		Häuser [hɔ́y̯zɐ ホイザー] 家々（複数形）	

> **[ər], [r] の母音化**
>
> 辞書では [ər], [r] の母音化であることを示して，[ər], [r] と表記することもあります。本書では実際の音を示す [ɐ] を使いました。曖昧母音の一つで，[a] に近い音です。軽く「ア」と発音します。

-er, -r [ɐ, ɐ̯]		
語末の -er	Mutter [mútɐ ムッター] 母	
音節末の -er +子音	mütterlich [mýtɐlɪç ミュッターリヒ] 母のような	

※ただし母音が続くと：Änderung [ɛ́ndərʊŋ エンデルング] 変更

長母音 + r	Tür [ty:ɐ̯ テューア] ドア

Einen Schritt weiter 先に進もう

■ 母音化するのか，しないのか

短母音 + **r**　　　　　　Form [fɔɐ̯m フォアム / fɔrm フォルム] 形　　▶ [ɐ̯] または [r]

➡ r の母音化は揺れが見られる場合があります。ただし日常会話では多くの場合母音化します。

接辞 **er-, ver-, zer-**　Ergebnis [ɛɐ̯géːpnɪs エアゲープニス] 結果　　▶ 常に [ɐ̯]

➡ 接辞 er-, ver-, zer- の r は常に母音化します。

注意すべき子音

r　　　[r]　　　Gras [graːs グラース] 草

s + 母音 [z]　　Seite [záɪtə ザイテ] 面

　　　　　　　　　※ただし結びつきによっては：Erbse [érpsə エルプセ] エンドウ豆

-s　　　[s]　　　Kurs [kʊrs クルス] コース

ss, ß　　[s]　　　Essen [ésən エッセン] 食事

　　　　　　　　　Straße [ʃtráːsə シュトラーセ] 通り

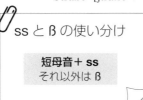

ss と ß の使い分け

短母音 + ss
それ以外は ß

ch {　a, o, u, au　　Sache [záxə ザッヘ] 物　　Woche [vóxə ヴォッヘ] 週
　　　の後ろで [x]　　Buch [buːx ブーフ] 本　　Bauch [baʊx バオホ] 腹
　　　それ以外で [ç]　Recht [rɛçt レヒト] 権利

v　　　[f]　　　Vogel [fóːgəl フォーゲル] 鳥

　　　　　　　　　※ただし外来語：Universität [univɛrzitéːt ウニヴェルズィテート] 大学

w　　　[v]　　　Welt [vɛlt ヴェルト] 世界

x　　　[ks]　　　Text [tɛkst テクスト] テキスト

z　　　[ts]　　　Zeit [tsaɪt ツァイト] 時間

chs	[ks]	Fuchs [fʊks フクス]	キツネ
ck	[k]	Blick [blɪk ブリック]	視線
dt	[t]	Stadt [ʃtat シュタット]	町
ng	[ŋ]	Angst [aŋst アングスト]	不安
pf	[pf]	Kopf [kɔpf コプフ]	頭
ph	[f]	Phase [fáːzə ファーゼ]	段階
qu	[kv]	Qualität [kvalitéːt クヴァリテート]	質
rh	[r]	Rhythmus [rýtmʊs リュトムス]	リズム
sch	[ʃ]	Mensch [mɛnʃ メンシュ]	人間
th	[t]	Thema [téːma テーマ]	テーマ
tsch	[tʃ]	Deutsch [dɔʏtʃ ドイチュ]	ドイツ語
tz	[ts]	Platz [plats プラッツ]	場所
sp-	[ʃp]	Spiel [ʃpiːl シュピール]	ゲーム
st-	[ʃt]	Stunde [ʃtʊ́ndə シュトゥンデ]	［1］時間
-b	[p]	Klub [klʊp クルップ]	クラブ
-d	[t]	Kind [kɪnt キント]	子供
-g	[k]	Tag [taːk ターク]	日
-ig	[ɪç]	König [køːnɪç ケーニヒ]	王様

※ただし –lich が続くと：königlich [køːnɪklɪç ケーニクリヒ] 王の

Einen Schritt weiter 先に進もう

■ 語末の –ig は「イヒ」か「イク」か

König [køːnɪç ケーニヒ / køːnɪk ケーニック] 王様

➡ 標準的には [ɪç] とされますが，実際には [ɪk] も多用されます。特にドイツ南部では，ほぼ [ɪk] が用いられているというのが現状です。

読んでみよう① ～語形変化による発音の変化～

geben [géːbən ゲーベン] > gibt [giːpt ギープト] 与える

sagen [záːgən ザーゲン] > sagt [zaːkt ザークト] 言う

lesen [léːzən レーゼン] > liest [liːst リースト] 読む

fahren [fáːrən ファーレン] > fährt [fɛːɐt フェーアト] (乗り物で) 行く

beschäftigen [bəʃéftɪgən ベシェフティゲン] > beschäftigt [bəʃéftɪçt ベシェフティヒト] 従事させる

Kind [kɪnt キント] > Kinder [kíndɐ キンダー] 子供

Tag [taːk ターク] > Tage [táːgə ターゲ] 日

Haus [haʊs ハオス] > Hauses [háʊzəs ハオゼス], Häuser [hɔ́yzɐ ホイザー] 家

Rad [raːt ラート] > Rades [ráːdəs ラーデス], Rads [raːts ラーツ] 車輪

Lehrer [léːɐ レーラー] > Lehrerin [léːrərɪn レーレリン] 教師

wenig [véːnɪç ヴェーニヒ] > weniger [véːnɪgɐ ヴェーニガー] 少ない

sauber [záʊbɐ ザオバー] > saubere [záʊbərə ザオベレ] 清潔な

schwer [ʃveːɐ̯ シュヴェーア] > schwere [ʃvéːrə シュヴェーレ] 重い

読んでみよう② ～数字～

1 eins	2 zwei	3 drei	4 vier	5 fünf
6 sechs	7 sieben	8 acht	9 neun	10 zehn
11 elf	12 zwölf	13 dreizehn	14 vierzehn	15 fünfzehn
16 sechzehn	17 siebzehn	18 achtzehn	19 neunzehn	20 zwanzig
21 ein**und**zwanzig	22 zwei**und**zwanzig	23 drei**und**zwanzig	....	
	......	30 dreißig	40 vierzig	50 fünfzig
60 sechzig	70 siebzig	80 achtzig	90 neunzig	100 [ein]hundert
101 hunderteins	...... 200 zweihundert	...... 234 zweihundertvierunddreißig		
1 000 [ein]tausend				
10 000 zehntausend				
100 000 [ein]hunderttausend				
1 000 000 eine Million		0 null		

1. 動詞の変化

現在人称変化

口調上の e　　　　du で –t のみ　　　　laufen は au → äu
　　　　　　　　　　　　　　　　　　　　du **läufst** / er **läuft**

–t, –d　　　-s, -ß, -z　　a → ä　　e → i/ie

		lernen	arbeiten	reisen	fahren	sprechen	sehen	nehmen
ich	—e	lerne	arbeite	reise	fahre	spreche	sehe	nehme
du	—st	lern**st**	**arbeitest**	**reist**	**fährst**	**sprichst**	**siehst**	**nimmst**
er/sie/es	—t	lernt	**arbeitet**	reist	**fährt**	**spricht**	**sieht**	**nimmt**
wir	—en	lern**en**	arbeiten	reisen	fahren	sprechen	sehen	nehmen
ihr	—t	lernt	**arbeitet**	reist	fahrt	sprecht	seht	nehmt
sie	—en	lern**en**	arbeiten	reisen	fahren	sprechen	sehen	nehmen
Sie	—en	lern**en**	arbeiten	reisen	fahren	sprechen	sehen	nehmen

子音字も変化する

sein, haben, werden

	sein	haben	werden
ich	**bin**	habe	werde
du	**bist**	**hast**	**wirst**
er/sie/es	**ist**	**hat**	**wird**
wir	**sind**	haben	werden
ihr	**seid**	habt	werdet
sie	**sind**	haben	werden
Sie	**sind**	haben	werden

ほかに
fallen
schlafen
tragen
など

ほかに
essen
geben
helfen
など

変音する動詞で, –t, –d
で終わっているものは口
調上の e を入れない
例えば halten
du **hältst** / er **hält**

r, l 以外の子音 + m, n
で語幹が終わっているも
のも口調上の e を入れる
例えば öffnen
du **öffnest** / er **öffnet**

分離動詞

	mit│kommen	
ich	komme	… mit
du	kommst	… mit
er/sie/es	kommt	… mit
wir	kommen	… mit
ihr	kommt	… mit
sie	kommen	… mit
Sie	kommen	… mit

再帰動詞

	sich[4] freuen	
ich	freue	mich
du	freust	dich
er/sie/es	freut	sich
wir	freuen	uns
ihr	freut	euch
sie	freuen	sich
Sie	freuen	sich

話法の助動詞と
似た変化をする

話法の助動詞

	dürfen	können	mögen	müssen	sollen	wollen	möchte		wissen
ich	**darf**	**kann**	**mag**	**muss**	**soll**	**will**	möchte		**weiß**
du	**darfst**	**kannst**	**magst**	**musst**	sollst	**willst**	möchtest		**weißt**
er/sie/es	**darf**	**kann**	**mag**	**muss**	**soll**	**will**	möchte		**weiß**
wir	dürfen	können	mögen	müssen	sollen	wollen	möchten		wissen
ihr	dürft	könnt	mögt	müsst	sollt	wollt	möchtet		wisst
sie	dürfen	können	mögen	müssen	sollen	wollen	möchten		wissen
Sie	dürfen	können	mögen	müssen	sollen	wollen	möchten		wissen

本来は mögen の
接続法第 2 式 (☞ Lektion 6)

3 基本形

【規則動詞】

不定詞	過去基本形	過去分詞
—en	—te	ge—t
lern**en**	lern**te**	**ge**lern**t**

【不規則動詞】（一覧 ☞ 68 頁）

不定詞	過去基本形	過去分詞
sein	**war**	**gewesen**
haben	**hatte**	**gehabt**

不定詞	過去基本形	過去分詞
vor|haben	**hatte** ... vor	vor**gehabt**
besuchen	besuchte	**besucht**
studieren	studierte	**studiert**

分離動詞

語頭にアクセントなし

過去分詞で ge- を付けない

過去人称変化（☞ Lektion 1）

		lernen	sein	haben
ich	—	lernte	war	hatte
du	—st	lernte**st**	war**st**	hatte**st**
er/sie/es	—	lernte	war	hatte
wir	—[e]n	lernte**n**	war**en**	hatte**n**
ihr	—t	lernte**t**	war**t**	hatte**t**
sie	—[e]n	lernte**n**	war**en**	hatte**n**
Sie	—[e]n	lernte**n**	war**en**	hatte**n**

現在完了形（☞ Lektion 1）

移動や状態変化を表す自動詞
及び sein, werden, bleiben

【haben 支配】

	lernen	
ich	habe	… gelernt
du	hast	… gelernt
er/sie/es	hat	… gelernt
wir	haben	… gelernt
ihr	habt	… gelernt
sie	haben	… gelernt
Sie	haben	… gelernt

【sein 支配】

	gehen	
ich	bin	… gegangen
du	bist	… gegangen
er/sie/es	ist	… gegangen
wir	sind	… gegangen
ihr	seid	… gegangen
sie	sind	… gegangen
Sie	sind	… gegangen

命令・依頼の形

口調上の e を入れる動詞　a → ä タイプ　e → i/ie タイプ

		lernen	arbeiten	fahren	sprechen
du に対して	—[e]!	Lern[e]!	Arbeite!	Fahr[e]!	**Sprich!**
ihr に対して	—t!	Lernt!	Arbeitet!	Fahrt!	Sprecht!
Sie に対して	—en Sie!	Lernen Sie!	Arbeiten Sie!	Fahren Sie!	Sprechen Sie!

sein
Sei …!
Seid …!
Seien Sie …!

du に対して
–e を付ける

du に対して
–e を付けない

	分離動詞	再帰動詞
	mit|kommen	*sich*⁴ beeilen
du に対して	Komm ... mit!	Beeil dich!
ihr に対して	Kommt ... mit!	Beeilt euch!
Sie に対して	Kommen Sie ... mit!	Beeilen Sie sich!

du に対する命令形の –[e] は話し言葉では付けない方がふつう

2. 冠詞の変化

定冠詞

	男性	女性	中性	複数
1 格	der	die	das	die
2 格	des	der	des	der
3 格	dem	der	dem	den
4 格	den	die	das	die

不定冠詞

	男性	女性	中性	複数
1 格	ein	eine	ein	—
2 格	eines	einer	eines	—
3 格	einem	einer	einem	—
4 格	einen	eine	ein	—

定冠詞類

	男性	女性	中性	複数
1 格	dies**er**	dies**e**	dies**es**	dies**e**
2 格	dies**es**	dies**er**	dies**es**	dies**er**
3 格	dies**em**	dies**er**	dies**em**	dies**en**
4 格	dies**en**	dies**e**	dies**es**	dies**e**

ほかに aller, jener, mancher, solcher,
welcher; jeder（単数のみ）も同じ変化

不定冠詞類

	男性	女性	中性	複数
1 格	mein	mein**e**	mein	mein**e**
2 格	mein**es**	mein**er**	mein**es**	mein**er**
3 格	mein**em**	mein**er**	mein**em**	mein**en**
4 格	mein**en**	mein**e**	mein	mein**e**

ほかに dein, sein, ihr, unser
euer, Ihr; kein も同じ変化

弱アクセントのe が連続する場合，一つが省
略されることが多い。例えば eu[e]re

3. 代名詞の変化

人称代名詞

	単数					複数			敬称
	1人称	2人称	3人称 男性	女性	中性	1人称	2人称	3人称	2人称
1 格	ich	du	er	sie	es	wir	ihr	sie	Sie
2 格	(meiner)	(deiner)	(seiner)	(ihrer)	(seiner)	(unser)	(euer)	(ihrer)	(Ihrer)
3 格	mir	dir	ihm	ihr	ihm	uns	euch	ihnen	Ihnen
4 格	mich	dich	ihn	sie	es	uns	euch	sie	Sie

再帰代名詞

	単数					複数			敬称
	1人称	2人称	3人称 男性	女性	中性	1人称	2人称	3人称	2人称
3 格	mir	dir		sich		uns	euch	sich	sich
4 格	mich	dich		sich		uns	euch	sich	sich

疑問代名詞

1 格	wer	was
2 格	wessen	wessen
3 格	wem	—
4 格	wen	was

不定代名詞

1 格	man	einer	jemand	etwas	nichts
2 格	(eines)	(eines)	jemand[e]s	—	—
3 格	einem	einem	jemand[em]	etwas	nichts
4 格	einen	einen	jemand[en]	etwas	nichts

keiner も
同じ変化

niemand も
同じ変化

4. 名詞の変化

	単数 男性		単数 女性		単数 中性		複数	
1 格	der	Ball	die	Tasse	das	Buch	die	Bälle
2 格	des	Ball[e]s	der	Tasse	des	Buch[e]s	der	Bälle
3 格	dem	Ball	der	Tasse	dem	Buch	den	Bällen
4 格	den	Ball	die	Tasse	das	Buch	die	Bälle

複数		複数	
die	Tassen	die	Autos
der	Tassen	der	Autos
den	Tassen	den	Autos
die	Tassen	die	Autos

複数形が –n や –s で
終わっている場合，複数
3 格 –n は（重ねて）付け
ない

男性弱変化名詞

	単数		複数	
1 格	der	Bär	die	Bären
2 格	des	Bären	der	Bären
3 格	dem	Bären	den	Bären
4 格	den	Bären	die	Bären

	単数		複数	
	der	Junge	die	Jungen
	des	Jungen	der	Jungen
	dem	Jungen	den	Jungen
	den	Jungen	die	Jungen

5. 形容詞の変化

		男性			女性			中性			複数		
定冠詞類と	1 格	der	alte	Hut	die	alte	Puppe	das	alte	Radio	die	alten	Tassen
	2 格	des	alten	Hutes	der	alten	Puppe	des	alten	Radios	der	alten	Tassen
	3 格	dem	alten	Hut	der	alten	Puppe	dem	alten	Radio	den	alten	Tassen
	4 格	den	alten	Hut	die	alte	Puppe	das	alte	Radio	die	alten	Tassen
不定冠詞類と	1 格	ein	alter	Hut	eine	alte	Puppe	ein	altes	Radio	meine	alten	Tassen
	2 格	eines	alten	Hutes	einer	alten	Puppe	eines	alten	Radios	meiner	alten	Tassen
	3 格	einem	alten	Hut	einer	alten	Puppe	einem	alten	Radio	meinen	alten	Tassen
	4 格	einen	alten	Hut	eine	alte	Puppe	ein	altes	Radio	meine	alten	Tassen
無冠詞で	1 格		guter	Wein		gute	Musik		gutes	Bier		gute	Freunde
	2 格		guten	Wein[e]s		guter	Musik		guten	Bier[e]s		guter	Freunde
	3 格		gutem	Wein		guter	Musik		gutem	Bier		guten	Freunden
	4 格		guten	Wein		gute	Musik		gutes	Bier		gute	Freunde

比較変化
【規則変化】

原級	比較級	最上級
klein	kleiner	kleinst-
lang	länger	längst-
alt	älter	**ältest-**
teuer	**teurer**	teuerst-

—口調上の e

弱アクセント e の
脱落：teu[e]rer

【不規則変化】

原級	比較級	最上級
groß	größer	**größt-**
gut	**besser**	**best-**
hoch	**höher**	höchst-
nah[e]	näher	**nächst-**
viel	**mehr**	**meist-**

—最上級で –t のみ

6. 副詞の変化

比較変化

原級	比較級	最上級
oft	öfter	am öftesten
gern	**lieber**	am **liebsten**

—— 副詞は am —sten の形のみ

本書の構成と使い方のヒント

　本書は，読む・書く・聞く・話すという4技能バランスのとれたドイツ語の総合的運用能力を養うことを目的としています。各課は，大きく「メイン・ダイアローグ」「文法」「練習」の3つの部分から成ります。

【メイン・ダイアローグ】

毎回，さまざまな日常のシーンを再現しています。何度も声に出して練習しましょう。

語彙をチェックしよう

新出単語や変化形を取り上げ，さらに見開きの右側には本文の日本語訳を載せました。授業の前に一度目を通しておくと，ダイアローグの内容が聞き取りやすくなります。

言葉の感覚

ドイツ語を運用する上で感覚的に把握しておきたいポイントを紹介しています。

 ペアで練習しよう

シーンごとの表現を抜き出しました。それぞれの役になりきって役割練習をしましょう。

【文法】

本書全体を通して，文法説明は常にダイアローグと連動しています。生きた表現の背後にあるドイツ語のしくみを体系的に学んでいきましょう。

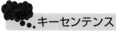 **キーセンテンス**

各課のダイアローグには文法学習のためのキーセンテンスが必ず一つ含まれています。最初にそのセンテンスを取り上げ，何がその課で学習のポイントとなるのかを確認します。

言葉のかたち

続いて詳細に入ります。例文はダイアローグに出てきたものが中心です。空欄を埋めながら，一つ一つ確認していきましょう。

【練習】

「メイン・ダイアローグ」「文法」で学んだことをトレーニングしていくコーナーです。五感を研ぎ澄まし，ドイツ語にたくさん触れましょう。コンシェルジュのオリーがサポートしてくれます。

文化コーナー

ちょっと一息入れて，ドイツの日常をのぞいてみましょう。日常表現も紹介しています。

先に進もう

学習項目の周囲を眺めることによって，文法学習の見晴らしをよくするためのコーナーです。

008

Hallo! Ich heiße Hanna Maier und bin 21 Jahre alt. Ich studiere in Trier Anglistik und Kunst. Ich gehe gerne ins Kino, und ich reise auch gerne. Ich komme aus Lübeck in Norddeutschland.

Hanna Maier
ハンナ・マイアー

出身	リューベック
年齢	21 歳
専攻	英語学・文学，芸術学
趣味	映画鑑賞，旅行

Hallo, ich bin Naoki und komme aus Japan. Ich studiere für ein Jahr in Trier. Mein Studienfach ist Germanistik. Mein Hobby ist Schwimmen, und ich bin 22 Jahre alt.

Naoki Sato
佐藤直樹

出身	日本
年齢	22 歳
専攻	ドイツ語学・文学
趣味	水泳

Hallo, Leute! Ich bin Thilo. Ich komme aus Hamburg und studiere Jura und Romanistik. Meine Hobbys sind Fußball spielen und Krimis lesen. Ich bin auch 22 Jahre alt.

Thilo Müller
ティーロ・ミュラー

出身	ハンブルク
年齢	22 歳
専攻	法学，ロマンス語学・文学
趣味	サッカー，推理小説

Hallo, ich bin Olli, eure Infothek! Ich bin 6 Jahre alt und ein Roboter der Firma „Roboter AG Berlin". Unter uns, Hanna ist echt mein Typ!

Olli
オリー

出身	ベルリン（ロボット工場）
年齢	6 歳
仕事	コンシェルジュ（情報担当）
特徴	ハンナが大好き

LEKTION 1 週末はどうだった？ ～過去形と現在完了形～

009

大学のカフェテリアで。

Hanna : Hallo, Naoki! **Wie war dein Wochenende?**

Naoki : Hallo, Hanna! Es war ziemlich anstrengend!

Hanna : Was hast du denn gemacht?

Naoki : Eigentlich wollte ich mit Thilo Fußball spielen,
aber ich musste für eine Klausur lernen.

Hanna : Stimmt, ihr wolltet ja Fußball spielen.

Naoki : Und du? Hattest du Zeit für Sport?

Hanna : Ja, ich bin mit Tina schwimmen gegangen.

Vokabeln 語彙をチェックしよう

anstrengend 骨の折れる，きつい（★本来 anstrengen〈疲れさせる〉の現在分詞 ☞ 20 頁）

dein 君の，あなたの（英 *your*）

denn（質問の唐突さを和らげて）…なの？

eigentlich 本当は，本来は

r Fußball サッカー

ja（文中で事実の確認を表して）…だね

e Klausur（特に大学の）筆記試験

schwimmen 泳ぐ ▶ *schwimmen* gehen 泳ぎに行く

r Sport スポーツ

s Wochenende 週末（**Woche** + **Ende**）

e **Zeit** 時間（英 *time*）

ziemlich かなり，相当に（英 *quite*）

★太字は基本単語 500

r = der, *e* = die, *s* = das で名詞の性を示します。

◆**[Das] stimmt.** そのとおりだ。

過去形

hattest < **haben** 持っている

musste < **müssen** …しなければならない

war < **sein** …である

wollte / *wolltet* < **wollen** …したい（意志）

【現在完了形】

haben + 過去分詞 …した（行為など）

sein + 過去分詞 …に行った（移動など）

過去分詞

gegangen < **gehen** 行く

gemacht < **machen** …をする

In der Cafeteria der Uni.

ハンナ： こんにちは，ナオキ！ 週末はどうだった？

ナオキ： やあ，ハンナ！ かなりきつかったな。

ハンナ： 何をしたの？

ナオキ： 本当はティーロとサッカーをしたかったんだけど，

試験のために勉強しなくちゃならなかったんだ。

ハンナ： そうそう，あなたたち，サッカーをしたがってたわね。

ナオキ： ハンナは？ 運動する時間はあった？

ハンナ： うん，私はティーナと泳ぎに行ったわ。

Sprachgefühl 言葉の感覚

英語とは異なり，ドイツ語では，過去形も現在完了形も，ふつうに**過去の事柄を述べる**のに用いられます。ただし使われる状況が異なります。

 Partnerübung ペアで練習しよう

イタリックの語句を自由に置き換えてみましょう。

010 **Szene 1** 週末はどうだった？

Wie war dein Wochenende? Es war *anstrengend.*

011 **Szene 2** 何をしたの？

gut
schön
super
langweilig

Was hast du gemacht? Ich musste *für eine Klausur lernen*.

mein Zimmer aufräumen / die Küche putzen / Deutsch lernen / Wäsche waschen

Schlüsselsatz
キーセンテンス

週末はどうだった？

Wie war dein Wochenende?

➡ sein〈…である〉の過去形が用いられています。過去の事柄について述べるとき，ドイツ語の日常会話ではふつう現在完了形が用いられますが，過去形が用いられることもあります。特に sein, haben, 話法の助動詞などは，よく過去形が用いられます。

Grammatik 言葉のかたち　① 過去形と現在完了形

013

■ **過去形**

Es ＿＿＿＿＿ ziemlich anstrengend!　　かなりきつかったな！（◀ sein）

＿＿＿＿＿＿ du Zeit für Sport?　　運動する時間はあった？（◀ haben）

sein ▶ 過去 **war**			
ich	war	wir	war**en**
du	war**st**	ihr	war**t**
er	war	sie	war**en**

haben ▶ 過去 **hatte**			
ich	hatte	wir	hatte**n**
du	hatte**st**	ihr	hatte**t**
er	hatte	sie	hatte**n**

wollen ▶ 過去 **wollte**			
ich	wollte	wir	wollte**n**
du	wollte**st**	ihr	wollte**t**
er	wollte	sie	wollte**n**

ich	—	wir	—**[e]n**
du	—**st**	ihr	—**t**
er	—	sie	—**[e]n**

過去基本形が −e で終わっている場合，e は重ねて付けないよ。

➡ **過去形**も**人称変化**します。
　ich と er で語尾が付きません。

> 3 人称単数（er, sie, es）は er で代表させるよ。
> sie〈彼女〉を使うと sie〈彼ら〉と混乱するので er を使うね。

014

■ **現在完了形**

Was ＿＿＿＿＿ du denn ＿＿＿＿＿＿ ?　　何をしたの？（◀ machen する）

machen …をする ▶ 完了形 **gemacht** *haben*			
ich	*habe* … gemacht	wir	*haben* … gemacht
du	*hast* … gemacht	ihr	*habt* … gemacht
er	*hat* … gemacht	sie	*haben* … gemacht

Ich _____ mit Tina schwimmen _____ . (◀ gehen 行く)

私はティーナと泳ぎに行ったわ。

gehen 行く ▶ 完了形 **gegangen** *sein*				
ich	*bin*	... gegangen	wir	*sind*	... gegangen
du	*bist*	... gegangen	ihr	*seid*	... gegangen
er	*ist*	... gegangen	sie	*sind*	... gegangen

➡ **現在完了形**は「haben または sein + 過去分詞」で作ります。**過去分詞は文末に置き**ます。

➡ **sein** で完了形を作るのは，「**場所の変化**」や「**状態の変化**」を表す自動詞（4格目的語を取らない動詞）です。

例外！ sein〈…である〉と bleiben〈とどまる〉も sein で完了形を作るよ。

015

■ 過去形と現在完了形の使い分け

過去 Wann **warst** du in der Mensa? いつ学食に行った（←いた）の？（◀ sein …にいる）
現在完了 Wann **bist** du in der Mensa **gewesen**？（同上）（◀ sein …にいる）

➡ 新聞，小説，昔話などの**書き言葉では過去形**が，日常会話などの**話し言葉では現在完了形**が用いられます。

➡ ただし **sein, haben**，**話法の助動詞**などでは話し言葉でも**主に過去形**が用いられます。

➡ 地域的な違いもあります。特にドイツ南部では現在完了形が好まれる傾向にあります。

016

■ 語順 (定動詞第2位)

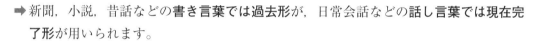

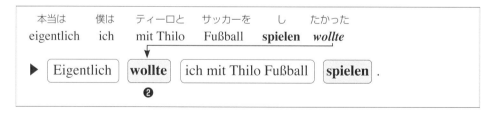

➡ 語句を日本語と同じ順序に並べます。いちばん最後に来た動詞を人称変化させ，平叙文では**2番目**に持っていきます。

Aber | ich | **musste** | für eine Klausur | **lernen** . でも僕は試験勉強をしなければならなかった。
❶ ❷

➡ 語句や文を並列的に結びつける und〈そして〉，aber〈しかし〉などの接続詞を**並列接続詞**と呼びます。並列接続詞は語順に影響を与えることはなく，文頭の語句にも数えません。

017

Sprechen 話してみよう

話法の助動詞の過去形を使って会話練習をしてみましょう。

> Als Kind musste ich immer *Milch trinken*.

> Und ich wollte immer *Schokolade essen*. Aber ich durfte nicht.

Cola trinken | viel lernen | fernsehen | Gemüse essen

> „Ich durfte nicht" のように，ドイツ語の話法の助動詞は
> 単独で使うことができるよ。Ich kann Deutsch und Japanisch!

018

Hören & Sprechen 聞いてみよう・話してみよう

今度は現在完了形を使った練習です。最初に下線部の語を書き取り，そのあとで語を自由に置き換えて会話練習をしましょう。

> Wo warst du denn?
> Ich habe dich gesucht!

> Ich habe ____ ____ _____ ____ _____ _____.

- in der Cafeteria
- in der Bibliothek
- im Computerraum
- in der Buchhandlung
- zu Hause

Deutsch gelernt

einen Kaffee getrunken

ein Buch gekauft

eine E-Mail geschrieben

geschlafen

019

Bibliothek

Ein Blick in die Bibliothek der Universität Trier, an der man auch Japanologie studieren kann.

図書館

トリア大学の図書館の様子。トリア大学では専攻科目として日本学を学ぶこともできる。

Mensa

Ein Studentenessen in der Mensa. Schweine-braten mit Nudeln und einem gemischten Salat. Dazu gibt es noch eine Gemüsesuppe und einen Joghurt.

学生食堂

学食での学生向けの料理。ローストポークにパスタとミックスサラダがついている。さらに野菜スープとヨーグルトも。

020

Deutsch im Alltag ドイツ語今日もどこかで

Guten Appetit! 召し上がれ！いただきます！　　**Prost! / Zum Wohl!** 乾杯！

★ドイツ語には「ごちそうさま」にあたる表現はありませんが，次のように言うことができます。
Es hat sehr gut geschmeckt. とてもおいしかったです。　Es war lecker! おいしかった！

021

  Hören 聞いてみよう

月曜の朝のオフィスです。ミュラーさんとベックさんが週末に何をしたか話しています。二人の会話を聞いて，次の問いに答えてみましょう。

(1) Wie war das Wochenende von Frau Beck?　☐ super　☐ schön　☐ gut　☐ nicht gut

(2) Wohin ist Frau Beck gegangen?　☐ Kino　☐ Café　☐ Bar　☐ Restaurant*

(3) Was hat Herr Müller gespielt?　☐ Tennis　☐ Fußball　☐ Golf　☐ Basketball

* [restorá: レストラーン]

Lesen 読んでみよう

サッカーをする時間がない

Keine Zeit für Fußball

Naokis Wochenende war anstrengend. Er musste fleißig für eine schwierige Klausur in Deutsch lernen. Eigentlich wollte er mit Thilo am Samstagnachmittag im Park Fußball spielen, aber er hatte keine Zeit. Thilo ist stattdessen mit Martin joggen gegangen.

schwierig 難しい　　stattdessen その代わりに　　joggen gehen ジョギングに行く

	richtig	falsch
例 ナオキは週末試験勉強をしなければなりませんでした。	☑	☐
(1) ドイツ語の試験はそれ程難しくありません。	☐	☐
(2) 週末ナオキは大学でサッカーをしたいと思っていました。	☐	☐
(3) ティーロはマルティンとジョギングに行きました。	☐	☐

Einen Schritt weiter 先に進もう

■ 過去完了形

Gestern war Hanna schon **abgereist**. (◀ ab|reisen 旅立つ)

昨日ハンナはすでに旅立っていた。

➡ 過去完了形は「haben または sein の過去形＋過去分詞」で作ります。過去のある時点よりさらに過去の事柄を表します。

■ 現在分詞と過去分詞

schlafen 眠る → schlafend 眠っている【現在分詞】

➡ 動詞には，過去分詞(☞ 9頁)のほかに，現在分詞と呼ばれる形もあります。現在分詞は不定詞に -d を付けて作ります。現在分詞・過去分詞は形容詞のように用いることができます。

eine **schlafende** Katze 眠っている猫　　ein **verrostetes** Fahrrad さびついた自転車

➡ 名詞を修飾して用いる場合，分詞に形容詞と同じ格語尾を付けます。現在分詞は「…している」という意味を，過去分詞は「…した」「…された」という意味を持ちます。

Schreiben 書いてみよう

1 （　　）内の動詞を<u>過去形にして</u>下線部に入れてみましょう。

(1)　(sein / sein / wollen)

　　○　Wie ＿＿＿＿＿＿＿＿ der Fisch?

　　●　Er ＿＿＿＿＿＿＿＿ lecker! Zuerst ＿＿＿＿＿＿＿＿ ich das Steak nehmen, aber dann

　　　　habe ich doch die Forelle genommen.

(2)　(müssen / können)

　　Naoki und Makiko ＿＿＿＿＿＿＿＿ für einen Test lernen, aber danach ＿＿＿＿＿＿＿＿

　　sie zusammen eine Pizza essen gehen.

人称変化も忘れずに！

2 （　　）内の動詞を用いて<u>現在完了形</u>の文を作ってみましょう。

(1)　(schlafen)

　　Ich ＿＿＿＿＿＿＿＿ heute Nacht gut ＿＿＿＿＿＿＿＿＿＿＿＿ .

(2)　(aufstehen)

　　Ich ＿＿＿＿＿＿＿＿ um 6 Uhr ＿＿＿＿＿＿＿＿＿＿＿＿＿＿ .

heute Nacht は「昨夜」の場合と
「今夜」の場合があるよ。

(3)　(duschen)

　　Und danach ＿＿＿＿＿＿＿＿ ich mich ＿＿＿＿＿＿＿＿＿＿ .

完了の助動詞の選
択に注意！

3 与えられた語句を参考にドイツ語文を作ってみましょう。動詞以外の語順は変える必要はありません。

(1)　月曜日にパウルは買い物に行こうと思っていた。

　　am Montag / Paul / einkaufen gehen / wollen（過去形で）/ .

　　＿＿

(2)　しかし彼はユーリアと映画に行った。

　　aber / er / mit Julia / ins Kino gehen（現在完了形で）/ .

　　＿＿

今日雨が降らなかったら，ビアガーデンに行きたいな　〜副文〜

024

大学の食堂で。

Naoki : **Wenn es heute nicht regnet, will ich in den Biergarten gehen.** Kommst du mit?

Thilo : Nein, ich habe leider keine Zeit, weil ich an der Tankstelle jobben muss.

Naoki : Schade! Weißt du, wann Hanna heute zur Uni kommt?

Thilo : Sie hat gestern gesagt, dass sie heute nach Berlin fahren will.

Naoki : Ach so? Dann frage ich einmal Tina, ob sie Zeit hat.

Thilo : Ja, eine gute Idee!

Vokabeln 語彙をチェックしよう

Berlin　ベルリン（地名）

r Biergarten　ビアガーデン

einmal ちょっと（…しよう）（★本来の意味は「一度」）

fahren（乗り物で）行く

fragen（…⁴ に）尋ねる（★4格目的語を取る）

*ge*sag*t* < **sagen** 言う

gestern 昨日（英 *yesterday*）

heute 今日（英 *today*）

e Idee　アイデア，考え ▶ eine gute *Idee* いい考え

jobben [dʒɔ́bən ジョッベン] アルバイトをする（◀ 英語）

leider 残念ながら

mit|kommen　いっしょに来る

muss < **müssen** …しなければならない

regnen ▶ es *regnet* 雨が降る

schade 残念な

e Tankstelle ガソリンスタンド（Tank + Stelle）

e Uni 大学（= **Universität**）

wann いつ（英 *when*）

*weiß*t < **wissen** 知っている

will < **wollen** …したい

zur < **zu** + der …へ（方向）

従属接続詞

dass …ということ（英 *that*）

ob …かどうか（英 *whether*）

wenn もし…ならば（英 *if*）

weil なぜなら…だから（英 *because*）

★従属接続詞に導かれている文では，定動詞が文末に置かれている。

In der Mensa der Uni.

ナオキ： 今日雨が降らなかったら，ビアガーデンに行きたいな。

いっしょに来る？

ティーロ： いや，残念だけど時間がない。ガソリンスタンドでバイトしなきゃならないんだ。

ナオキ： 残念！ ハンナが今日いつ大学に来るか知ってる？

ティーロ： 今日はベルリンに行きたいって昨日言ってたよ。

ナオキ： そうなの？ じゃあティーナに時間があるかどう

かちょっと聞いてみよう。

ティーロ： うん，いい考えだ！

Sprachgefühl 言葉の感覚

「…なら (wenn) →…したい」，「…なので (weil) →…できない」，「…と (dass) →言った」のように，従属接続詞によって，一方の文がもう一方の文にかかっています。

Partnerübung ペアで練習しよう

イタリックの語句を自由に置き換えてみましょう。

025
Szene 1 雨が降らなかったら，ビアガーデンに行きたいな。いっしょに来る？

Wenn es nicht regnet, will ich
in den Biergarten gehen.
Kommst du mit?

● Ja, sicher!
● Nein, ich habe leider
keine Zeit.

ins Schwimmbad gehen
Fußball spielen gehen
eine Radtour machen

026
Szene 2 ハンナが今日
いつ大学に
来るか知ってる？

Weißt du, wann Hanna
heute zur Uni kommt?

Sie hat gesagt, dass sie heute
nach Berlin fahren will.

im Café jobben muss / ihre Oma besuchen will / zum Zahnarzt gehen muss

••• 今日雨が降らなかったら，ビアガーデンに行きたいな。

Wenn es heute nicht regnet,
will ich in den Biergarten gehen.

➡ wenn〈もし…ならば〉という接続詞が用いられています。そのあとに来る定動詞 **regnet** の位置がポイントです。ある文に従属的に結びついている文のことを副文と呼びますが，副文では定動詞が文末に置かれます。

Grammatik 言葉のかたち　② 副文

028

■ 従属接続詞

> **als** …したとき　**damit** …するために　**indem** …によって　**obwohl** …にもかかわらず
> **während** …している間　**weil** なぜなら…だから　**wenn** もし…ならば

➡ 語句や文を従属的に結びつける接続詞を**従属接続詞**と呼びます。

■ 副文

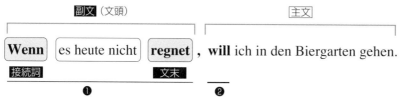

残念だけど時間がない，なぜならガソリンスタンドでアルバイトをしなければならないから。

➡ ある上位の文（＝**主文**）に対して，従属的に結びついている文のことを**副文**と呼びます。

➡ 従属接続詞によって導かれている副文では，定動詞は文末に置かれます（＝**定動詞文末**）。主文と副文の間は必ずコンマで区切ります。

副文（文頭）	主文

Wenn | es heute nicht | **regnet** , **will** ich in den Biergarten gehen.
接続詞　　　　　　　文末
❶　　　　　　　　　　　❷

今日雨が降らなかったら，ビアガーデンに行きたいな。

➡「副文＋主文」の順番になるときは，主文の定動詞は副文の直後に来ます（この場合，副文が文頭の位置を占めていると考えます）。

【副文を前に置くか後ろに置くか】副文は，文法的には，前に置くことも，後ろに置くことも可能ですが，ある調査によると，接続詞によって使用上の傾向が見られるそうです。

● 前置されることが多いもの：**als** …したとき　**wenn** もし…ならば

● 後置されることが多いもの：**damlt** …するために　**well** なぜなら…だから

● 後置されることがやや多いもの：**obwohl** …にもかかわらず

 029

■ dass と ob

dass …ということ　**ob** …かどうか

Sie hat gestern gesagt, ＿＿＿＿＿＿ sie heute nach Berlin fahren **will**.

> 彼女は昨日言っていた，今日ベルリンに行きたいと。

Dann frage ich einmal Tina, ＿＿＿＿＿＿ sie Zeit **hat**.

> じゃあちょっとティーナに聞いてみよう，時間があるかどうか。

➡ これら二つの従属接続詞は，しばしば特定の動詞とともに用いられます（sagen〈言う〉, glauben〈思う〉, wissen〈知っている〉, fragen〈尋ねる〉など）。

Ich glaube, sie **kommt** heute zur Uni. 彼女は今日大学に来ると思う。

Ich glaube, **dass** sie heute zur Uni **kommt**.（同上）

➡ glauben〈思う〉などは，接続詞のない主文形式の文とともに用いられることもよくあります。従属接続詞がなければ定動詞は2番目に置かれ，従属接続詞があれば定動詞は文末に置かれます。

 030

■ 間接疑問文

Weißt du, ＿＿＿＿＿＿ Hanna heute zur Uni **kommt**? ハンナが今日いつ大学に来るか知ってる？

➡ 疑問詞が文頭に置かれる**間接疑問文**でも，定動詞が文末に置かれます。

間接疑問文も副文の仲間だよ。

 031

■ 動詞 wissen

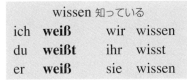

wissen 知っている		
ich **weiß**	wir	wissen
du **weißt**	ihr	wisst
er **weiß**	sie	wissen

➡ 動詞 wissen〈知っている〉は単数で不規則に変化します。

Sprechen 話してみよう

wenn による副文を使って会話練習をしてみましょう。

Was machst du morgen?

- Wenn es regnet, *lese ich ein Buch*.
- Wenn schönes Wetter ist, *gehe ich joggen*.

gehe ich Tennis spielen

lerne ich Deutsch

spiele ich zu Hause Gitarre

sehe ich fern

wasche ich mein Auto

Hören & Sprechen 聞いてみよう・話してみよう

今度は wo による間接疑問文を使った練習です。最初に下線部の語を書き取り，そのあとで語を自由に置き換えて会話練習をしましょう。

Weißt du, wo _____ ist?

Ich glaube, _____ ist ____ _____ _____.

Hanna	Naoki	Julia	Thilo	Marie
•	•	•	•	•
•	•	•	•	•
auf der Post	in der Mensa	im Café	in der Bibliothek	auf dem Sportplatz

034

Biergarten

Im Sommer geht man gern in den Biergarten. Da zu dieser Zeit die Abende sehr lang sind, ist es sehr angenehm, im Freien zu sitzen und ein kühles Bier zu trinken.

ビアガーデン

ビアガーデンは夏にはとても人気がある。長い夏の夕暮れに，野外に座って冷えたビールを飲むのは格別。

Vor einem Restaurant

Rechts am Eingang kann man das Tagesmenü (schwarze Kreidetafel) sowie die Speisekarte (im Glaskasten) sehen. Im Restaurant gibt man beim Bezahlen normalerweise ein Trinkgeld.

レストランの前で

入口の右側の黒板にその日のセットが，ガラスケースの中にお店のメニューが示されている。レストランでは支払いの際にチップを渡すのがふつう。

035

Deutsch im Alltag　ドイツ語今日もどこかで

Danke!		**Gern geschehen!**	
Danke schön!	ありがとう！	**Keine Ursache!**	どういたしまして！
Vielen Dank!		**Bitte!**	
Herzlichen Dank!		**Kein Problem!**	

036

Hören 聞いてみよう

ティーロとハンナが大学で話をしています。内容を書き取ってみましょう。

Thilo : Weißt du, bis wann Naoki ＿＿＿＿＿＿ Unterricht hat?

Hanna : Ich ＿＿＿＿＿ , er hat bis ＿＿＿＿＿ Unterricht. Warum?

Thilo : Ich will ihn ＿＿＿＿＿ , ob er ＿＿＿＿＿ spielen will.

Lesen 読んでみよう

ビアガーデンへ

In den Biergarten

Wenn es nicht regnet, will Naoki in den Biergarten am Fluss gehen. Weil Thilo an der Tankstelle jobben muss und Hanna nach Berlin zu ihrer Tante fahren will, können sie leider nicht mitgehen. Aber Tina hat Zeit und bringt noch eine Freundin mit.

e Tante おば　mit|bringen 連れて来る

	richtig	falsch
(1) ハンナはベルリンのおじを訪ねます。	☐	☐
(2) ティーナは時間があります。	☐	☐
(3) ティーナは男友達を連れてきます。	☐	☐

Einen Schritt weiter 先に進もう

■ **es** の用法

Es regnet.　　　　　雨が降っている。【自然現象】

Es ist drei Uhr.　　3時です。　　【時間表現】

➡具体的な意味を持たない**形式的な主語**や**目的語**として用いられることがあります。

Es ist schade, <u>dass Hanna nicht kommt</u>.　　ハンナが来ないのは残念だ。【dass文を指して】

➡後続する副文を先取りする**代理の主語**や**目的語**として用いられることがあります。

主語

Es war einmal ein König ...　　昔々一人の王様がいました…。　　【穴埋めの es】

➡文頭に置く適当な語句がない場合，文頭の**穴埋め**として用いられることがあります。

Schreiben 書いてみよう

1 (　　) 内の文を<u>副文にして</u>下線部に入れてみましょう。

(1) (Es regnet morgen.)

Glaubst du, dass ＿＿＿＿＿＿＿＿＿＿＿＿＿＿＿＿＿＿＿＿＿＿＿？

(2) (Er muss die Küche putzen.)

Martin hat heute keine Zeit, weil ＿＿＿＿＿＿＿＿＿＿＿＿＿＿＿＿＿＿＿.

(3) (Ich putze die Küche.)

Während ＿＿＿＿＿＿＿＿＿＿＿＿＿＿＿＿＿＿＿, kannst du das Auto waschen.

ポイントは定動詞の位置。定動詞を把握しよう。

2 今度は (　　) 内の文を<u>主文にして</u>下線部に入れてみましょう。

(1) (Ich war nicht zu Hause.)

Als Bernd angerufen hat, ＿＿＿＿＿＿＿＿＿＿＿＿＿＿＿＿＿＿＿＿＿＿.

(2) (Er hat lange geschlafen.)

Weil Klaus sehr müde war, ＿＿＿＿＿＿＿＿＿＿＿＿＿＿＿＿＿＿＿＿＿.

3 与えられた語句を参考にドイツ語文を作ってみましょう。

(1) 雨が降っているにもかかわらず，ティーナはジョギングに行く。

obwohl / es / regnen / , / Tina / joggen gehen / .

＿＿＿＿＿＿＿＿＿＿＿＿＿＿＿＿＿＿＿＿＿＿＿＿＿＿＿＿＿＿＿＿＿＿

(2) 雨が降っていたにもかかわらず，ティーナはジョギングに行った。

obwohl / es / regnen（現在完了形で）/ , / Tina / joggen gehen（現在完了形で）/ .

＿＿＿＿＿＿＿＿＿＿＿＿＿＿＿＿＿＿＿＿＿＿＿＿＿＿＿＿＿＿＿＿＿＿

＿＿＿＿＿＿＿＿＿＿＿＿＿＿＿＿＿＿＿＿＿＿＿＿＿＿＿＿＿＿＿＿＿＿

完了の助動詞の選択に注意！

あそこの椅子の下にある傘は誰の？ 〜関係文〜

039

盛り上がったパーティーのあとで。ティーロとナオキが片づけをしています。

Naoki : **Wem gehört der Schirm, der da unter dem Stuhl liegt?**

Thilo : Er gehört Hanna!

Naoki : Und das Handy, das da auf dem Tisch liegt?

Thilo : Das ist meins. Und das hier ist Andrés Mütze.

Naoki : Wer ist André?

Thilo : André ist der Student aus Paris, den ich dir vorgestellt habe.

Naoki : Ach ja! Und dieser Schal gehört seiner Freundin Emma, mit der ich getanzt habe.

Vokabeln 語彙をチェックしよう

André アンドレ（男性名）（★ドイツ語読みは [andré: アンドレー]，フランス語読みは [ãdré アンドレ]）

Andrés アンドレの（★「人名＋ s」で「誰々の」）

Emma エマ（女性名）（★ドイツ語読みは [ɛ́ma エマ]，フランス語読みは [ɛmmá エンマ]）

e Freundin 女友達，ガールフレンド

gehören （…¹ が…³ に）属する，（…³ の）ものである（英 belong to）

getanzt < tanzen 踊る

s **Handy** [héndi ヘンディ] 携帯電話（★英単語から作られたドイツ語）

liegen …にある，横たわっている（英 lie）

mein s 私のもの，僕のもの（= mein[e]s）（★中性 1 格の形。男性 1 格は meiner，女性 1 格は meine）

e Mütze （縁のない）帽子（英 cap）

Paris [parí:s パリース] パリ（地名）

r Schal マフラー，ショール

r Schirm 傘（英 umbrella）

r **Stuhl** 椅子（英 chair）

r **Tisch** テーブル，机（英 table）

vorgestellt < vor|stellen （…³ に…⁴ を）紹介する

関係代名詞 （英 who, which, that）
das （中性 1 格）
den （男性 4 格）
der （男性 1 格；女性 3 格）
die （女性 1 格）

★関係代名詞に導かれている文では，定動詞が文末に置かれている。

Nach einer wilden Party. Thilo und Naoki räumen auf.

ナオキ： あそこの椅子のトにある傘は誰の？

ティーロ： ハンナのだよ。

ナオキ： それからあそこのテーブルの上の携帯電話は？

ティーロ： それは僕の。それでここのこれはアンドレの帽子だ。

ナオキ： アンドレって誰？

ティーロ： 紹介してあげたパリからの学生だよ。

ナオキ： ああそうだった！ で，このマフラーは僕がいっしょに踊った彼の彼女のエマのだね。

> **Sprachgefühl** 言葉の感覚
>
> 「椅子の下にある傘」，「テーブルの上にある携帯」，「君に紹介した学生」のように，関係代名詞は，名詞を文で修飾するときに使います。

 Partnerübung ペアで練習しよう

イタリックの語句を自由に置き換えてみましょう。

 040 Szene 1　あそこの椅子の下にある傘は誰の？

> Wem gehört *der Schirm, der* da unter dem Stuhl liegt?

> *Er* gehört *Hanna*!

> der Hut, der
> die Tasche, die
> das Buch, das
> das Handy, das

> Lina / Jasmin*
> Ben / Elias**
> 　　* [ヤスミーン]
> 　　**[エリーアス]

 041 Szene 2　アンドレは紹介してあげたパリからの学生だよ。

> *André* ist *der Student aus Paris, den* ich dir vorgestellt habe.

> Ach ja! Ich erinnere mich.

> Anna – die Studentin aus Wien, die　/　John – der Lehrer aus London, den
> Frau Rossi – die Frau aus Rom, die　/　Herr Müller – der Mann aus Berlin, den

あそこの椅子の下にある傘は誰の？

Wem gehört der Schirm,
der da unter dem Stuhl liegt?

➡後半の文は der という関係代名詞で始まっています。その形と用法がここでの
ポイントです。ドイツ語では，「傘」→「あそこの椅子の下にある傘」のように，
文で名詞を修飾する場合，英語と同じように，関係代名詞を用います。

Grammatik 言葉のかたち ③ 関係文

 043

■ 関係代名詞

	男性	女性	中性	複数
1 格	der	die	das	die
2 格	**dessen**	**deren**	**dessen**	**deren**
3 格	dem	der	dem	**denen**
4 格	den	die	das	die

ほぼ定冠詞と同じだよ！

➡ドイツ語の**関係代名詞**は上の表のように格変化します。

➡関係代名詞は特定の名詞（＝**先行詞**）に別の文を結びつける役割を持ちます。関係代
名詞によって導かれる文のことを**関係文**と呼びます。

044

関係文も副文の仲間だよ。

■ 関係代名詞の用法

```
                        関係文
  先行詞  ┌─────────────────────────┐
          │         ┌── 1格 ──┐
  der Schirm,  [関係代名詞]   da unter dem Stuhl   liegt    あそこの椅子の下にある傘
  男性                                            文末
```

（← *Der Schirm* **liegt** da unter dem Stuhl. 傘はあそこの椅子の下にある。）

```
  先行詞  ┌─────────────┐
          │        ┌── 4格 ──┐
  der Student aus Paris,  [    ]   ich dir vorgestellt   habe    僕が君に紹介したパリからの学生
  男性
```

（← Ich **habe** dir *den Studenten** aus Paris vorgestellt. 僕は君にパリからの学生を紹介した。）

*Student は男性弱変化名詞（☞ 11 頁）

➡ **関係代名詞の性・数**は先行詞の性・数に一致し，**格**は関係文中での役割に応じて決まります。

➡ 関係文では，関係代名詞を文頭に，定動詞を文末に置きます。関係文と主文の間は必ずコンマで区切ります。

先行詞の seine Freundin と Emma は同格！

先行詞		3格		
seine Freundin Emma,	mit ＿＿＿	ich getanzt	**habe**	

女性

僕がいっしょに踊った彼のガールフレンドのエマ

（← Ich **habe** *mit seiner Freundin Emma* getanzt. 僕は彼のガールフレンドのエマといっしょに踊った。）

➡ 関係代名詞を前置詞とともに用いる場合，「**前置詞＋関係代名詞**」の形で関係文の最初に置きます。

先行詞		2格		
die Frau,	**deren** Tochter	gut Fußball	**spielt**	娘さんがサッカーが上手な女性

女性

（← Die Tochter *der Frau* **spielt** gut Fußball. その女性の娘さんはサッカーが上手だ。）

➡ 関係代名詞の 2 格（英 *whose*）は，「**関係代名詞＋名詞**」の形で関係文の最初に置きます（この場合の名詞に冠詞は付きません）。

045

■ wo による関係文

das Café, **wo** (= in dem) wir uns immer treffen　　私たちがいつも会う喫茶店

➡ 先行詞が「場所」の場合，**wo** が用いられることがあります。

■ wer, was による関係文

Wer etwas weiß, soll die Hand heben.　何か知っている人は手をあげてほしい。

Das ist *alles*, **was** ich weiß.　それが私の知っているすべてです。

➡ **wer**〈…する人〉と **was**〈…すること・もの〉は，特定の先行詞なしで用いられます。ただし，was はしばしば das, alles, etwas, nichts などを先行詞としても用いられます。

Sprechen 話してみよう

関係代名詞の 4 格を使って会話練習をしてみましょう。

Wie teuer ist *die Tasche, die* du dir kaufen willst?

Sie ist nicht so teuer.

die Tasche, ...*die*....

der Computer, ...

(r) → den
(e) → die
(s) → das

das Buch, ... die Uhr, ... das Sofa, ... der Mantel, ...

Hören & Sprechen 聞いてみよう・話してみよう

今度は「前置詞 mit ＋関係代名詞 3 格」を使った練習です。最初に下線部の語を書き取り，そのあとで語を自由に置き換えて会話練習をしましょう。

Wie heißt _____ _____,
_____ _____ du eben geredet hast?

_____ heißt _____.

(r) → dem
(e) → der
(s) → dem

der Student, mit ....
Paul

die Japanerin, mit ....
Yumi

das Kind, mit ....
Nina

der Japaner, mit ....
Naoki

die Studentin, mit ....
Hanna

048

Flughafen

Der Frankfurter Flughafen ist der größte Flug-hafen in Deutschland. Und die größte deutsche Fluggesellschaft heißt „Lufthansa " .

空港

フランクフルト空港はドイツ最大の空港。そしてドイツ最大の航空会社はルフトハンザだ。

Bahnhof

Der Frankfurter Hauptbahnhof. Links ist ein ICE (Intercity-Express). Er ist der schnellste Zug in Deutschland.

駅

フランクフルト中央駅。左に見えるのは ICE（インターシティー・エクスプレス）。ドイツ最速の列車だ。

049

050

 Hören 聞いてみよう

どれが誰のものでしょうか。ハンナとナオキの会話を聞いて，イラストと名前を線で結んでみましょう。

(1)   (2)   (3)   (4)

Elias   Julia   Lukas   Marie   Naoki

Lesen 読んでみよう

Nach der Party

Hanna, die schon früh nach Hause gegangen ist, hat ihren Schirm vergessen.
Und André aus Paris, der für ein Jahr in Trier studiert, hat seine Mütze auf
dem Sofa liegen lassen. Seine Freundin Emma, die mit Naoki und Paul
getanzt hat, kommt auch aus Paris.

früh（時間が）早い　Trier［トリーア］トリア（地名）　liegen lassen 置き忘れる（★過去分詞も同形）

	richtig	falsch
(1) ハンナは最後までパーティーに残っていました。	☐	☐
(2) アンドレは1年間トリアで勉強します。	☐	☐
(3) エマはローマの出身です。	☐	☐

Einen Schritt weiter 先に進もう

■ 冠飾句

die **auf dem Sofa schlafende** Katze　ソファーの上で眠っている猫

➡ 現在分詞や過去分詞を含む句を名詞の前に置き，名詞を修飾することができます。**冠飾句**と呼ばれます。分詞に格語尾が付きます。

> 冠飾句はふつう書き言葉でしか使われない。話し言葉では関係文を使うよ。
> 例：die Katze, die auf dem Sofa schläft〈ソファーの上で眠っている猫〉

■ ドイツ語の序数

1. **erst-**	2. zweit-	3. **dritt-**	4. viert-	5. fünft-
6. sechst-	7. **siebt-**	8. **acht-**	9. neunt-	10. zehnt-
11. elft-	12. zwölft-	13. dreizehnt-	14. vierzehnt-	15. fünfzehnt-
16. sechzehnt-	17. siebzehnt-	18. achtzehnt-	19. neunzehnt-	20. zwanzigst-
21. einundzwanzigst-	......	30. dreißigst-	40. vierzigst-	......

➡ 「…番目」のように順序を表す場合，**序数**を用います。19までは基数に **-t** を，20以上は **-st** を付けて作ります。太字は例外です。序数にはふつう形容詞と同じ格語尾が付きます。

Schreiben 書いてみよう

1 (   ) 内に適切な関係代名詞を入れてみましょう。

(1) Der Vogel, _____ da am Himmel fliegt, ist sehr groß!

(2) Meine Tante, _____ in Berlin wohnt, hat morgen Geburtstag.

(3) Ich lese gerade einen Roman, _____ sehr interessant ist.

(4) Den Brief, _____ ich gestern geschrieben habe, bringe ich heute zur Post.

(5) Klaus hat sich neue Schuhe gekauft, _____ sehr teuer waren.

2 関係代名詞を使って，次の二つの文をつなげてみてみましょう。<u>下線部の語句を先行詞にして</u>ください。

(1) <u>Meine Cousine</u> heiratet morgen. / Meine Cousine wohnt in Bremen.

_____

_____

(2) <u>Der Text</u> ist sehr schwierig. / Wir müssen den Text ins Deutsche übersetzen.

_____

_____

ins Deutsche übersetzen で「ドイツ語に翻訳する」。

3 与えられた語句を参考にドイツ語文を作ってみましょう。関係文を使ってください。

(1) ドイツ語を勉強している日本人はナオキという名前だ。

der Japaner / Naoki / heißen / , / , / Deutsch / lernen / .

_____

_____

(2) ハンナが焼いたケーキはとてもおいしかった。

der Kuchen / sehr / lecker / sein（過去形で）/ , / , / Hanna / backen（現在完了形で）/ .

_____

_____

054

大学からの帰り道で。

Thilo : **Hast du Lust, morgen eine Radtour zu machen?**

Hanna : Ja, klar! Es macht immer Spaß, eine Radtour zu machen.

Kommt Naoki auch mit?

Thilo : Ja, er hat vor, auch mitzukommen.

Hanna : Prima! Ich freue mich schon drauf.

Thilo : Aber vergiss dieses Mal nicht,

ein Handtuch mitzunehmen.

Hanna : Ja! Und es ist wichtig, vorher das Fahrrad zu checken.

Thilo : Richtig!

Vokabeln 語彙をチェックしよう

es（後続の zu 不定詞句を指す；英 *it*）

drauf（口語）= darauf

s **Fahrrad** 自転車（英 *bicycle*）

sich[4] **freuen**〔auf + 4格〕…[4]を楽しみにしている
（★ auf + 4格 部分はここでは drauf）

s Handtuch タオル（**Hand** + Tuch）

klar 明らかな ▶ *Klar!* もちろん！

e Lust …したい気持ち（★ zu 不定詞句を取る）

s Mal 回，度 ▶ dieses *Mal* 今回

e Radtour [..tuːɐ ラート・トゥーア] サイクリング
（Rad + Tour）▶ eine *Radtour* machen サイクリ
ングをする，サイクリングに行く

richtig 正しい（英 *right*）

r Spaß 楽しみ（英 *fun*）▶ *Spaß* machen （…が）楽
しい

vergiss < **vergessen** 忘れる（命令形）

vor|**haben** 予定している，するつもりである

vorher 前もって

wichtig 重要な（英 *important*）

◆**Prima!** すばらしい！

zu 不定詞

zu checken < checken [tʃékən チェッケン] 点検す
る

zu machen < **machen** …をする

mit*zu*kommen < mit|kommen いっしょに来る

mit*zu*nehmen < mit|nehmen 持って行く・来る

★英語の to 不定詞に相当。「…すること」など。

Auf dem Heimweg von der Uni.

ティーロ ： 明日サイクリングに行く気はある？

ハンナ ： うん，もちろん！ サイクリングに行くのって

いつだって楽しいわ。ナオキもいっしょに来るの？

ティーロ ： うん，ナオキもいっしょに来る予定だよ。

ハンナ ： いいわね！ 今から楽しみだわ。

ティーロ ： でも今回はタオルを持ってくるのを忘れないでね。

ハンナ ： うん！ それから前もって自転車を点検しておくのも大切ね。

ティーロ ： そのとおり！

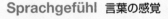

Sprachgefühl 言葉の感覚

「タオルを持って来ること」，「自転車を点検すること」のように，zu不定詞を使えば，動詞句を名詞句のようにすることができます。

Partnerübung ペアで練習しよう

イタリックの語句を自由に置き換えてみましょう。

055

Szene 1 サイクリングに行く気はある？

Hast du Lust,
eine Radtour zu machen?

● Ja, klar!
● Nein, ich muss lernen!

Tennis zu spielen
im Wald zu joggen
schwimmen zu gehen
eine Pizza essen zu gehen

056

Szene 2 サイクリングに行くのって楽しいわ。

Es macht Spaß,
eine Radtour zu machen.

● Ja, das finde ich auch.
● Nein, das finde ich nicht.

Fußball zu spielen / im Zoo zu jobben
einen Kuchen zu backen / eine Reise zu machen

明日サイクリングに行く気はある？

Hast du Lust, morgen eine Radtour zu machen?

➡ machen〈…する〉という動詞が zu 不定詞の形で用いられています。その作り方と用法がポイントです。zu 不定詞句は英語の to 不定詞句に相当するもので，主語や目的語として用いられたり，上例のように名詞を修飾して用いられます。

Grammatik 言葉のかたち　④ zu 不定詞句

058

■ zu 不定詞句の作り方

eine Radtour machen　→　eine Radtour　| **zu** machen |
サイクリングをする　　　　　　サイクリングをする（こと）

schwimmen gehen　→　schwimmen　| **zu** gehen |
泳ぎに行く　　　　　　　　泳ぎに行く（こと）

➡ zu を伴って用いられる不定詞［句］のことを **zu 不定詞**［句］と呼びます。語句を日本語と同じような順序に並べ，いちばん最後に来た不定詞の直前に zu を置いて作ります。

ein Handtuch mit|nehmen　→　ein Handtuch　| mit**zu**nehmen |
タオルを持って行く　　　　　　タオルを持って行く（こと）

➡ 分離動詞では分離前つづりと基礎動詞の間に zu を入れ，一語でつづります。

eine Radtour gemacht **zu** haben　　サイクリングをした（こと）　　【完了形】
eine Radtour machen **zu** können　　サイクリングができる（こと）　【話法の助動詞】

➡ 完了形，話法の助動詞なども zu 不定詞にすることができます。

059

■ zu 不定詞句の用法（主語・目的語）

Es macht immer Spaß, eine Radtour _____ _____ .（◀ machen）
サイクリングに行くのっていつだって楽しいわ。

Es ist wichtig, vorher das Fahrrad _____ _____ .（◀ checken）
前もって自転車を点検しておくのも大切ね。

➡zu 不定詞句は，まず文の**主語**や**目的語として**用いられます（＝**名詞的用法**）。

➡主語として用いる場合は，ふつう es を先行させ，zu 不定詞句を末尾に置きます。

【**zu 不定詞句の前後のコンマ**】zu 不定詞句の前後にコンマを打つかどうかは，多くの場合，書き手の判断に委ねられます。ただし，上の例のように es などを先行させる場合，さらに下の例のように名詞を修飾する場合や um などの接続詞を使う場合は必ずコンマを打ちます。

Er hat vor, auch _____ . (◀ mit|kommen)

彼もいっしょに来る予定だよ

Vergiss dieses Mal nicht, ein Handtuch _____ . (◀ mit|nehmen)

今回はタオルを持ってくるのを忘れないでね。

➡ここでは zu 不定詞句が動詞 vor|haben〈予定している〉や vergessen〈忘れる〉の目的語として用いられています。

Hanna freut sich [**darauf**], mit Thilo und Naoki eine Radtour **zu machen**.

ハンナはティーロとナオキといっしょにサイクリングに行くのを楽しみにしている。

➡この例では zu 不定詞句が前置詞句目的語に相当する語句として用いられています。このような場合，「da[r] ＋前置詞」の結合形を先行させることがあります

> 「da[r] ＋前置詞」は，省略できる場合と省略できない場合があるよ。迷った場合は辞書で確認しよう。

■ **zu 不定詞句の用法（名詞修飾）**

Hast du Lust, morgen eine Radtour **zu machen**?

明日サイクリングに行く気はある？

➡ここでは zu 不定詞句が Lust〈…する気〉という**名詞**を**修飾**しています（＝**付加語的用法**）。

■ **zu 不定詞句の用法（副詞的に）**

um ＋ zu 不定詞 …するために

▶ Hanna fährt in die Stadt, **um** ein Buch **zu kaufen**.

ハンナは本を買うために町に行く。

ohne ＋ zu 不定詞 …することなしに

▶ Naoki geht durch den Regen, **ohne** seinen Schirm **aufzumachen**.

ナオキは傘をささずに雨の中を歩く。

statt ＋ zu 不定詞 …する代わりに

▶ Naoki geht spazieren, **statt** zu Hause **fernzusehen**.

ナオキは家でテレビを見る代わりに散歩に行く。

➡zu 不定詞句は，上のような形で，**副詞的**に用いられることもあります（＝**副詞的用法**）。

Sprechen 話してみよう

zu 不定詞句を目的語として使って会話練習をしてみましょう。

Was hast du heute vor?

Ich habe heute vor,
mein Zimmer zu putzen.

..zu.. putzen

mein Zimmer

...... lesen

dieses Buch

aus......gehen

mit meinem Freund

vor......bereiten

meine Geburtstagsparty

Hören & Sprechen 聞いてみよう・話してみよう

今度は zu 不定詞句を付加語的に使う練習です。最初に下線部の語を書き取り，そのあとで語を自由に置き換えて会話練習をしましょう。

Hast du morgen Zeit, mit mir
_____ zu _____?

- Ja, klar / sicher / natürlich!
- Nein, leider nicht.

| Deutsch | Tennis | Hanna | die Küche | einkaufen |

| spielen | putzen | lernen | gehen | besuchen |

063

Bremen

Das Rathaus gehört zum UNESCO-Weltkultur-
erbe. Bremen ist auch wegen Grimms Märchen
„Die Bremer Stadtmusikanten" bekannt.

ブレーメン

市庁所はユネスコの世界遺産に登録されている。ブ
レーメンはグリム童話「ブレーメンの音楽隊」でも有
名だ。

Ostsee

Warnemünde liegt im Norden der Stadt Rostock
und ist ein beliebter Urlaubsort. Auch Segelsport-
freunde kommen hier auf ihre Kosten.

バルト海

ヴァルネミュンデはロストックの北に位置し，多くの人
が休暇を過ごしに訪れる。ヨットファンにとっても申し
分ない場所だ。

064

Deutsch im Alltag　ドイツ語今日もどこかで

Lena, das ist Naoki! Naoki, das ist Lena!　レーナ，こちらはナオキ！　ナオキ，こちらはレーナ！
Freut mich, dich kennenzulernen.　よろしく。
Ja, mich auch!　こちらこそ！

065

Hören　聞いてみよう

金曜日のお昼に，ティーロ，ハンナ，ナオキが大学のカフェテリアで話をしています。ハンナは
どこに行くと言っていますか。また，ナオキとティーロはそれぞれ何をする，あるいはしなけれ
ばならないと言っているでしょうか。

ハンナ	□コンサート	□芝居	□博物館
ナオキ	□テスト勉強	□映画鑑賞	□部屋の掃除
ティーロ	□サイクリング	□サッカー観戦	□サッカーボールの購入

Lesen 読んでみよう

サイクリング

Eine Radtour

Thilo, Naoki und Hanna haben vor, eine gut geplante Radtour zu machen. Hanna darf nicht vergessen, ein Handtuch und Wasser mitzunehmen. Es ist auch wichtig, vorher ihr verrostetes Fahrrad zu checken, weil sie eine lange Tour von dreißig Kilometern fahren wollen.

*ge*plan*t* < planen 計画する verrost*et* < verrosten さびる，さびつく
r Kilometer キロメートル（★語末の -n は複数 3 格の -n）

	richtig	falsch
(1) ハンナはタオルと水を持っていくのを忘れてはいけません。	☐	☐
(2) ハンナの自転車は新品ですが，ハンナはしっかり点検します。	☐	☐
(3) ハンナたちは 30 時間のサイクリングに出かけます。	☐	☐

Einen Schritt weiter 先に進もう

■ 日付
Der Wieviel**te** ist heute? / Den Wieviel**ten** haben wir heute? 今日は何日ですか。
Heute ist der 9. (= *neunt***e**) November.
Heute haben wir den 9. (= *neunt***en**) November. 今日は 11 月 9 日です。

Wann hast du Geburtstag? – Ich habe **am** 9. (= *neunt***en**) November Geburtstag.
　君の誕生日はいつ？　　　　　　　11 月 9 日だよ。

➡日付を言う場合，序数（☞ 36 頁）を用います。男性の格語尾が付きます（*r* Tag〈日〉が省略されていると考えます）。

■ 西暦年数
1999 neunzehn**hundert**neunundneunzig
2000 zweitausend　　2001 zweitausendeins　…　2010 zweitausendzehn

1989 / im Jahr[e] 1989 1989 年に

ふつう 1989 だけで
「1989 年に」の意味になるよ。

Schreiben 書いてみよう

1 (　) 内の不定詞句を zu 不定詞句にして下線部に入れてみましょう。

(1) (im Wald spazieren gehen)

Es macht Spaß, _____.

(2) (mich morgen anrufen)

Ich will Hanna bitten,_____.

(3) (diesen Text verstehen)

Es ist nicht leicht, _____.

(4) (am Wochenende ausschlafen können)

Es ist schön, _____.

分離動詞に注意！

2 下の ☐ の中から適切な動詞を一つずつ選び，zu 不定詞にして下線部に入れてみましょう。

(1) Thilo fährt in die Stadt, um _____.

(2) Naoki hat heute keine Lust, sein Zimmer _____.

(3) Es ist mein Traum, eine Weltreise _____.

(4) Hilf mir bitte, das Gepäck _____!

| einkaufen machen putzen tragen |

3 与えられた語句を参考にドイツ語文を作ってみましょう。zu 不定詞を使ってください。

(1) 私はこの夏ドイツへ旅行することを計画しています。

ich / planen / , / diesen Sommer / nach / Deutschland / reisen / .

_____

_____

(2) 僕は今日部屋を片づけ始めなければならない。

ich / heute / anfangen / müssen / , / mein Zimmer / aufräumen / .

_____

_____

LEKTION 5

日本ではたくさん日本酒が飲まれているの？　〜受動態〜

068

ハンナとナオキは喫茶店に座っています。

Hanna : **Wird in Japan viel Reiswein getrunken?**

Naoki : Ja, aber man trinkt auch viel Bier.

Hanna : Und es wird auch lange gearbeitet, oder?

Naoki : Na ja, je nachdem. Manchmal werden

schon Überstunden gemacht.

Hanna : Sind die Geschäfte in Japan sonntags geöffnet?

Naoki : Ja, zum Glück. Ich finde es unpraktisch,

dass die Geschäfte hier sonntags geschlossen sind.

Vokabeln 語彙をチェックしよう

s **Bier** ビール（英 *beer*）

finden （…を…だと）思う

s **Geschäft**, –e 店（英 *shop, store*）

s Glück 幸運 ▶ zum *Glück* 幸運にも

lange 長く

man （一般に）人は（★3人称単数扱い）

manchmal 時々（英 *sometimes*）

oder あるいは ▶ ..., *oder*? …でしょう？

r Reiswein 日本酒（Reis + Wein）

schon 確かに

sonntags （毎週）日曜日に

e Überstunde, –n 残業 ▶ *Überstunden* machen 残業をする

unpraktisch 実用的でない

viel 多くの，たくさんの（★物質名詞・抽象名詞と用いられる場合，ふつう格語尾は付かない）

wird < **werden**（受動の助動詞 ☞下囲み）

◆ **Je nachdem.** 状況次第だ。

【受動態】

werden ＋ 過去分詞 …される，されている（過程）

sein ＋ 過去分詞 …されている（結果状態）

過去分詞

*ge*arbeit*et* < **arbeiten** 働く

*ge*mach*t* < **machen** …をする

*ge*öffne*t* < **öffnen** 開ける

*ge*schlossen < **schließen** 閉める

*ge*trunken < **trinken** 飲む

Hanna und Naoki sitzen in einem Café.

ハンナ： 日本ではたくさん日本酒が飲まれているの？

ナオキ： うん，でもビールもたくさん飲むよ。

ハンナ： それから働く時間も長いんでしょう？

ナオキ： まあ，状況によってはね。時々は確かに残

業もあるよ。

ハンナ： 日本ではお店は日曜も開いているの？

ナオキ： うん，幸いね。ここではお店が日曜に閉まっているのは不便だな。

> **Sprachgefühl** 言葉の感覚
>
> ドイツ語の受動態の重要な役割は，「誰々が…する」の「誰々が」の部分を言わないことです。しばしば「…が行われる」「…がある」に近い意味になります。

Partnerübung ペアで練習しよう

イタリックの語句を自由に置き換えてみましょう。

069

Szene 1 日本ではたくさん日本酒が飲まれるの？

Wird in Japan viel
Reiswein getrunken?

● Ja, viel.
● Nein, nicht so viel.

Fleisch gegessen
Urlaub gemacht
Zeitung gelesen
Fußball gespielt

070

Szene 2 日本ではお店は日曜も
開いているの？

Sind *die Geschäfte* in Japan
sonntags geöffnet?

● Ja, zum Glück!
● Nein, leider nicht.

die Banken / die Rathäuser / die Supermärkte / die Museen

Schlüsselsatz
キーセンテンス

日本ではたくさん日本酒が飲まれているの？

Wird in Japan viel Reiswein getrunken?

➡ werden と過去分詞の組み合わせにより，「…される」という受動態が形成され
ています。受動態の作り方と用法がここでのポイントです。ドイツ語の受動態は，
英語とは異なり，助動詞として werden を用います。

Grammatik 言葉のかたち　⑤ 受動態

■ 受動形

…さ・れる 過去分詞 + **werden**	ほめ　られる gelobt werden （◀ loben ほめる）	なさ　　れる gemacht werden （◀ machen …をする）	働か　　れる gearbeitet werden （◀ arbeiten 働く）

➡「…される」という**受動形**は「過去分詞 + werden」によって作ります。

> gearbei<u>t</u>et には口調上の e が入るよ。

■ 受動態の文（受動文）

Manchmal ＿＿＿＿＿＿＿ schon Überstunden ＿＿＿＿＿＿＿. （◀ machen …をする）

時々は確かに残業がなされる。

```
　　時々は　　確かに　　残業が　　　なさ　　れる
manchmal　schon　Überstunden　gemacht　werden

▶  [ Manchmal ] [ werden ] [ schon Überstunden ] [ gemacht ].
                      ❷
```

➡ 語句を日本語と同じ順序に並べます。最後に来た受動の助動詞を人称変化させ，平叙
文では 2 番目に，決定疑問文では文頭に持っていきます。過去分詞は文末に残ります。

現在 gelobt *werden* ほめ・られる			
ich	*werde* ... gelobt	wir	*werden* ... gelobt
du	*wirst* ... gelobt	ihr	*werdet* ... gelobt
er	*wird* ... gelobt	sie	*werden* ... gelobt

➡ 受動文の**現在形**は受動の助動詞 werden を現在人称変化させて作ります。

Lena wird immer **vom Lehrer** gelobt.　　レーナはいつも先生にほめられる。（◀ loben ほめる）

➡「…によって」は，「von ＋ 人」などで表します（ただし実際にはあまり用いられません）。

上例の vom は von+dem の融合形だよ。

 073

■ 非人称受動

In Japan **wird** lange **gearbeitet**.　　日本では働く時間が長い（←日本では長く働かれる）。

➡ドイツ語の受動態では主語は必ずしも必要ありません（主語がない場合，動詞は 3 人称単数の形を取ります）。**非人称受動**と呼ばれます。

Es wird lange gearbeitet.　　働く時間が長い（←長く働かれる）。

➡文頭に置く適当な語句がない場合，**穴埋めの es**（☞ 28 頁）を置きます。この es は文頭以外では用いられません。

geöffn**et** にも口調上の e ！

 074

■ 状態受動

＿＿＿＿＿＿＿＿ die Geschäfte in Japan sonntags ＿＿＿＿＿＿＿？（◀ öffnen 開く）
日本ではお店は日曜も開いている（開かれた状態にある）の？

Ich finde es unpraktisch, dass die Geschäfte hier sonntags ＿＿＿＿＿＿ ＿＿＿＿＿.
ここではお店が日曜に閉まっている（閉められた状態にある）のは不便だな。（◀ schließen 閉める）

➡「過去分詞 ＋ sein」で「…されている（…された状態にある）」という結果状態を表します。これを**状態受動**と呼びます。

075

■ 受動文の過去形

Lena **wurde** heute wieder **gelobt**.　　レーナは今日またほめられた。（◀ loben ほめる）

過去 gelobt *wurde* ほめ・られた			
ich	*wurde* … gelobt	wir	*wurden* … gelobt
du	*wurdest* … gelobt	ihr	*wurdet* … gelobt
er	*wurde* … gelobt	sie	*wurden* … gelobt

➡受動文の**過去形**は受動の助動詞 werden を過去人称変化させて作ります。

076

■ 能動態と受動態

4 格

Naoki schenkt ihm **einen Fußball**.　　ナオキは彼にサッカーボールを贈る。　　【能動態】

1 格

Ihm wird [von Naoki] **ein Fußball** geschenkt. 彼に[ナオキから]サッカーボールが贈られる。【受動態】

➡werden による受動態で 1 格主語になることができるのは，能動態の 4 格目的語のみです。

Sprechen 話してみよう

受動態を使って会話練習をしてみましょう。知らない町を案内してもらっていると，いろいろな光景が目に飛び込んできます。

Was ist da los?

Da wird *Fisch verkauft*.

verkauft

Fisch

gebaut

eine Schule

gebacken

Brot

gefeiert

eine Hochzeit

Hören & Sprechen 聞いてみよう・話してみよう

状態受動を使って「…はいつまで開いていますか」と尋ねる練習です。最初に下線部の語を書き取り，そのあとで語を自由に置き換えて会話練習をしましょう。数字はアルファベットで書いてください。

Bis wie viel Uhr ist ____ _____ dort geöffnet?

_____ ist bis _____ Uhr geöffnet.

die Bank
16 Uhr

die Post
17 Uhr

die Bäckerei
18 Uhr

der Supermarkt
19 Uhr

das Kaufhaus
20 Uhr

079

Dresden zu Weihnachten

Einen Weihnachtsmarkt gibt es in jeder Stadt Deutschlands, und er hat teils eine lange Tradition. Gegen die Kälte trinkt man Glühwein.

クリスマスのドレースデン

クリスマス市はドイツ中の町で開かれ，時に長い伝統を持つ。寒いこの時期，グリューヴァイン（香辛料入りのホット赤ワイン）を飲んで温まろう。

Heidelberg im Schnee

Heidelberg hat die älteste Universität Deutschlands. Sie wurde 1386 gegründet. Die Stadt ist auch ein beliebtes Touristenziel.

雪のハイデルベルク

ハイデルベルクにはドイツ最古の大学がある。大学の創立は 1386 年。ハイデルベルクはまた観光地としても人気がある。

080

Deutsch im Alltag　ドイツ語今日もどこかで

Frohe Weihnachten!　メリークリスマス！

Guten Rutsch ins Neue Jahr!　よい新年を！

Frohes Neues Jahr!　明けましておめでとう！

081

Hören　聞いてみよう

ナオキ，ハンナ，ティーロの誕生日はそれぞれいつでしょうか。3 人の会話を聞いて正しい答えを線で結んでみましょう（誕生日の言い方☞ 44 頁）。

Naoki　　Hanna　　Thilo

●　　　●　　　●

●　　　●　　　●　　　●　　　●
11. März　4. April　14. April　17. August　19. August

ドイツのこと

Über Deutschland

In Deutschland sind sonntags zwar die Geschäfte geschlossen, aber Cafés, Restaurants sowie Kinos sind natürlich geöffnet. Wenn man an einem Sonntag Getränke oder Süßigkeiten kaufen will, geht man zur Tankstelle, an der zudem noch Blumen, Stofftiere sowie Kosmetikartikel verkauft werden.

zwar …, aber … 確かに…だが…　　sowie 及び　　s Getränk, –e 飲み物　　e Süßigkeit, –en 甘いもの
zudem さらに　　s Stofftier, –e（動物の）ぬいぐるみ　　r Kosmetikartikel, – 化粧品

	richtig	falsch
(1) ドイツでは日曜日には映画館は閉まっています。	☐	☐
(2) ガソリンスタンドの店は日曜でも開いています。	☐	☐
(3) ガソリンスタンドでは花などが売られています。	☐	☐

Einen Schritt weiter 先に進もう

083

■ 受動文の現在完了形

Lena **ist** heute wieder **gelobt worden**. レーナは今日またほめられた。（◀ loben ほめる）

現在完了 gelobt worden *sein* ほめ・られ・た	
ich *bin* … gelobt worden	wir *sind* … gelobt worden
du *bist* … gelobt worden	ihr *seid* … gelobt worden
er *ist* … gelobt worden	sie *sind* … gelobt worden

➡受動文の**現在完了形**は sein を用いて作ります（多くの場合，過去形と現在完了形に大きな意味の違いはありませんが，現在完了形では特に結果が含意されることがあります）。

Schreiben 書いてみよう

1 (　　) 内の動詞を用いて werden による<u>受動文（現在形）</u>を作ってみましょう。

(1) (waschen)

Das Auto ＿＿＿＿＿＿＿＿ morgen ＿＿＿＿＿＿＿＿＿＿＿＿＿＿.

(2) (vorstellen)

Die Gäste ＿＿＿＿＿＿＿＿ ＿＿＿＿＿＿＿＿＿＿＿＿＿＿.

(3) (trinken)

In Bayern ＿＿＿＿＿＿＿＿ gerne Bier ＿＿＿＿＿＿＿＿＿＿＿＿.

(4) (arbeiten)

Sonntags ＿＿＿＿＿＿＿＿ nicht ＿＿＿＿＿＿＿＿＿＿＿＿＿.

> 主語が単数か
> 複数か気をつ
> けよう！

> 非人称受動だ！

2 (　　) 内の動詞を用いて sein による<u>状態受動文（現在形）</u>を作ってみましょう。

(1) (öffnen)

Die Banken ＿＿＿＿＿＿＿ von Montag bis Freitag ＿＿＿＿＿＿＿＿.

(2) (streichen)

Vorsicht, die Bank im Garten ＿＿＿＿＿＿＿ frisch ＿＿＿＿＿＿＿＿!

3 与えられた語句を参考にドイツ語文を作ってみましょう。
受動態を使ってください。

> 二つの Bank は同音異義語。
> 複数形が異なるよ！

(1) 喫茶店では金曜日にいつもジャズが演奏される。

im Café / freitags / immer / Jazz / spielen / .

＿＿＿＿＿＿＿＿＿＿＿＿＿＿＿＿＿＿＿＿＿＿＿＿＿＿＿

＿＿＿＿＿＿＿＿＿＿＿＿＿＿＿＿＿＿＿＿＿＿＿＿＿＿＿

(2) キオスクでは雑誌とタバコが売られている。

am Kiosk / Zeitschriften / und / Zigaretten / verkaufen / .

＿＿＿＿＿＿＿＿＿＿＿＿＿＿＿＿＿＿＿＿＿＿＿＿＿＿＿

＿＿＿＿＿＿＿＿＿＿＿＿＿＿＿＿＿＿＿＿＿＿＿＿＿＿＿

そんなにたくさん
お金があったら何をする？　～接続法～

084 ナオキとティーロがいっしょにキッチンで料理をしていると，ラジオの声が聞こえてきます。
「みなさん，今週の宝くじ積立賞金は 500 万ユーロ…」

Naoki : Wow! Hast du gehört? Fünf Millionen Euro!

Thilo : **Was würdest du machen,**

wenn du so viel Geld hättest?

Naoki : Hm, ich würde mir ein großes Haus kaufen.

Thilo : Und wenn ich so viel Geld hätte, müsste ich nicht mehr
an der Tankstelle jobben. Und ich könnte viel reisen.

Naoki : Ja, aber es gibt Wichtigeres im Leben als Geld, oder?

Thilo : Stimmt! Zum Beispiel Freundschaft!

Naoki : Genau! Ohne dich wäre mir hier sehr langweilig.

Vokabeln 語彙をチェックしよう

als（比較級と）…より

s **Beispiel** 例 ▶ zum *Beispiel* 例えば

r **Euro** ユーロ

e Freundschaft 友情

gehört < **hören** 聞く

s **Geld** お金（英 *money*）

groß*es* < **groß** 大きい

s **Haus** 家（英 *house*）

kaufen 買う（英 *buy*）

langweilig 退屈な（★「私は退屈だ」は，es ist mir
langweilig または mir ist [es] langweilig と言う）

s Leben 人生（英 *life*）

e Million, –en 100 万（英 *million*）

mehr ▶ nicht *mehr* もはや…ない

ohne …⁴ なしで（英 *without*）

reisen 旅をする，旅行する（英 *travel*）

so それほど，そんなに（英 *so*）

Wichtiger*es* より重要なこと（形容詞の名詞化）

wow [váu ヴァオ / wáu ワオ] うわあ（◀英語）

◆ **es gibt** + 4格 …⁴ がある，いる

◆ **Genau!** そのとおり！

接続法第 2 式

hätte ┐
      ├ < **haben** 持っている
hättest ┘

könnte < **können** …できる

müsste / *müßte* < **müssen** …しなければならない

wäre < **sein** …である

würde ┐
      ├ < **werden** …だろう
würdest ┘

★英語の仮定法に相当。「もし…だったら，…する
だろうに」など。

Naoki und Thilo kochen zusammen in der Küche. Das Radio ist an: „Liebe Hörer, diese Woche sind 5 Millionen Euro im Jackpot ... "

ナオキ： うわっ！ 聞いた？ 500万ユーロだって！

ティーロ： そんなにたくさんお金があったら何をする？

ナオキ： うーん，大きな家を買うかな。

ティーロ： 僕にそんなにお金があったら，もうスタンドでバイトしなくてもいいな。

そしてたくさん旅行ができる。

ナオキ： うん，でも人生にはお金より大切なものってあるよね。

ティーロ： そのとおり！ 例えば友情！

ナオキ： そうだね！ 君がいなかったらここはとてもつまらない

だろうな。

> **Sprachgefühl 言葉の感覚**
>
> 現実的でない話をするのに，過去形に準じた形（接続法）が用いられています。考えてみたら日本語でも同じです。「もし宝くじに当たったら…」

 Partnerübung ペアで練習しよう

イタリックの語句を自由に置き換えてみましょう。

 085 | Szene 1 そんなにたくさんお金があったら何をする？

Was würdest du machen, wenn du so viel Geld hättest?

Ich würde *mir ein großes Haus kaufen*.

 086 | Szene 2 そして僕はもう
スタンドでバイト
しなくてもいいな。

ein Café eröffnen
mir einen Sportwagen kaufen
das Geld sparen
armen Kindern helfen

Und ich müsste nicht mehr *an der Tankstelle* jobben.

Ja, das wäre schön!

in der Buchhandlung / im Restaurant / am Kiosk / im Zoo

そんなにたくさんお金があったら何をする？

Was würdest du machen,
wenn du so viel Geld hättest?

➡ 動詞 werden〈…だろう〉と haben〈持っている〉が接続法と呼ばれる形で用いられています（これまで学んだ形は直説法と言います）。接続法の作り方と用法がここでのポイントです。接続法には第1式と第2式がありますが，日常での使用頻度を考え，ここでは第2式を中心に取り上げます。

Grammatik 言葉のかたち　⑥ 接続法

 088

■ 接続法語尾

接続法語尾

ich	—e	wir	—en
du	—est	ihr	—et
er	—e	sie	—en

不規則動詞では，ウムラウト可能なものはウムラウトさせる（第2式のみ）。
語幹が −e で終わっている場合，e は重ねて付けないよ。

▼
第2式

sein ▶ 過去 war		
ich **wäre**	wir	wären
du wär[e]st*	ihr	wär[e]t*
er wäre	sie	wären

haben ▶ 過去 hatte		
ich **hätte**	wir	hätten
du hättest	ihr	hättet
er hätte	sie	hätten

werden ▶ 過去 wurde		
ich **würde**	wir	würden
du würdest	ihr	würdet
er würde	sie	würden

*口語では e を省きます

➡ **接続法第2式**は動詞の過去基本形に**接続法語尾**を付けて作ります。

➡ wäre, hätte, würde など，ich のときの形を接続法第2式基本形と呼ぶことがあります。実際によく用いられる動詞は，この形を覚えてもいいでしょう。

接続法第2式基本形

sein ▶ **wäre**	haben ▶ **hätte**	werden ▶ **würde**
können ▶ **könnte**	müssen ▶ **müsste**	mögen ▶ **möchte**

 089

■ 第2式の用法：非現実話法

Wenn ich so viel Geld ＿＿＿＿＿＿, ＿＿＿＿＿＿ ich nicht mehr an der Tankstelle jobben.

そんなにたくさんお金があったら，もうスタンドでバイトしなくてもいいな。（◀ haben, müssen）

➡ 「もし…だったら，…だろうに」のように，ある事柄を現実でないものとして述べます（＝**非現実話法**）。

Wenn ich so viel Geld hätte, **würde** ich mir ein großes Haus **kaufen**.

そんなにたくさんお金があったら，大きな家を買うだろう。

➡ sein, haben, 話法の助動詞以外の動詞は，ふつう würde と組み合わせて用います。

■ 第2式の用法：丁寧な表現

Könnten Sie bitte das Fenster öffnen?　窓を開けていただけませんか？

➡「もしよかったら…」という遠慮がちな感じを伝えます。

■ 形容詞の名詞化

Es gibt **Wichtigeres** im Leben als Geld. 人生にはお金より大切なものがある。（◀ wichtiger）

➡ 形容詞を名詞化して用いる場合があります。大文字で書き始め，形容詞と同じ格語尾を付けます。etwas や nichts と組み合わせて用いる場合もあります。

wichtig ▶ Wichtig*es* / das Wichtig*e* 大切なもの　das Wichtigst*e* いちばん大切なもの

alt ▶ ein Alt*er* / der Alt*e* 老人（男性）　eine Alt*e* / die Alt*e* 老人（女性）

gut ▶ etwas Gut*es* 何かいいもの

etwas〈何か〉と中性名詞化した
形容詞との組み合わせだよ。

【参考】接続法第1式

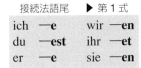

kommen 来る	
ich komme	wir kommen
du kommest	ihr kommet
er komme	sie kommen

sein（やや不規則！）	
ich **sei**	wir seien
du sei[e]st	ihr seiet
er **sei**	sie seien

■ 第1式の用法：間接話法

Naoki sagte, er **komme** nicht auf die Party.　ナオキはパーティーに来ないと言った。【間接話法】

参考 Naoki sagte: „Ich komme nicht auf die Party.“【直接話法】

➡ 主に書き言葉で，人の発言や意見を紹介的に取り上げる場合に用います（＝**間接話法**）。

■ 第1式の用法：要求話法

Man **nehme** 200 g* Zucker.　砂糖200グラムを使ってください。　　*200 g = zweihundert Gramm

➡ 3人称主語に対する話し手の願望を表します（＝**要求話法**）。料理のレシピ，説明書などで用いられます。

Sprechen 話してみよう

接続法第2式を使って会話練習をしてみましょう。

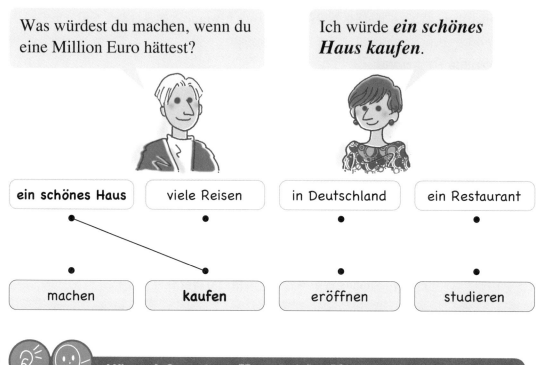

Was würdest du machen, wenn du eine Million Euro hättest?

Ich würde *ein schönes Haus kaufen*.

| ein schönes Haus | viele Reisen | in Deutschland | ein Restaurant |

| machen | kaufen | eröffnen | studieren |

Hören & Sprechen 聞いてみよう・話してみよう

あらかじめ wäre または hätte を補っておき，それを使って夢で見たことを表現します。最初に下線部の語を書き取り，そのあとで語を自由に置き換えて会話練習をしましょう。

Ich habe geträumt, ich _____ _____ _____.

Und ich habe geträumt, ich _____ _____ _____ _____.

wäre ein Fußballprofi

.... ein tolles Auto

.... ein berühmter Arzt

.... einen schönen Garten

hätte zehn Brüder

.... ein Filmstar

Kulturecke
文化コーナー

Schloss Neuschwanstein

Das wohl berühmteste Schloss ist Schloss Neu-
schwanstein. Erbaut wurde es aber erst Ende des
19. Jahrhunderts unter dem Bayerischen König
Ludwig II.

ノイシュヴァンシュタイン城

最も有名な城と言えばノイシュヴァンシュタイン城だ
ろう。ただしこの城がバイエルン国王ルートヴィヒ２
世によって建てられたのは 19 世紀末になってから。

Rothenburg ob der Tauber

Rothenburg ist eine hübsche, mittelalterliche Stadt.
Sie liegt an der Romantischen Straße in Süd-
deutschland.

ローテンブルク・オプ・デア・タウバー

ローテンブルクは中世さながらの魅力あふれる町。南ド
イツ，ロマンチック街道沿いにある。

Deutsch im Alltag ドイツ語今日もどこかで

Herzlichen Glückwunsch!　おめでとう！

Viel Erfolg!　頑張ってね！　　　　　**Danke!**　ありがとう！

Viel Spaß!　楽しんでね！

Hören 聞いてみよう

ヴェーバー夫妻の会話です。内容を書き取ってみましょう。

Herr Weber:　Ich habe heute _____ gar nicht gut _____ .

Ich habe geträumt, ich wäre ein kleiner _____ . Und ich müsste in einem

_____ um die Welt _____ .

Frau Weber:　Das war wirklich ein komischer _____ !

夢

Träume

Wenn Naoki im Lotto fünf Millionen Euro gewinnen würde, würde er sich ein großes, schönes Haus in Kobe kaufen. Und er würde seinen Eltern eine Weltreise und seiner Schwester ein deutsches Auto schenken. Sie würden sich bestimmt sehr darüber freuen.

s Lotto ナンバーくじ，宝くじ 　　gewinnen 勝つ，（くじに）当たる
*sich*⁴ freuen 喜ぶ（★ darüber「そのことを」）　　bestimmt きっと

宝くじに当たったら，ナオキは，　　　　　　　　　　richtig　falsch

(1) 両親に世界旅行をプレゼントします。　　　　　　☐　　☐
(2) そして姉（妹）にはドイツ車をプレゼントします。　☐　　☐
(3) 彼らはきっととても喜ぶでしょう。　　　　　　　☐　　☐

Einen Schritt weiter 先に進もう

■ 接続法と時間関係

Wenn Naoki Zeit **gehabt hätte**, **wäre** er auf die Party **gegangen**.

時間があったなら，ナオキはパーティーへ行っていたでしょう。 （◀ haben, gehen）

Naoki sagt, er **sei** nicht auf die Party **gegangen**. （◀ gehen）

ナオキはパーティーへ行っていないと言っている。

➡接続法で**過去**のことを表現する場合は，完了形を用い，定動詞部分を接続法の形にします。

Schreiben 書いてみよう

1 (　　) 内の動詞を接続法第 2 式にして下線部に入れてみましょう。sein, haben, 話法の助動詞
以外の動詞は würde と組み合わせてください。

(1) (machen / haben / haben / heiraten)

　　○ Was _____ du _____ , wenn du mehr Geld _____ ?

　　● Hm, wenn ich mehr Geld _____ , _____ ich dich _____ !

(2) (sein / spielen)

　　Wenn schönes Wetter_____ , _____ Tina heute Tennis _____ .

(3) (lernen / haben)

　　Wenn ihr mehr _____ _____ , _____ ihr bessere Noten!

(4) (haben / sein)

　　Wenn Hans Freunde _____ , _____ er nicht so einsam!

(5) (können)

　　Wenn ich doch besser Deutsch sprechen _____ !

> wenn 文のみの用法だよ！
> 「…だったらなあ！」

2 与えられた語句を参考にドイツ語文を作ってみましょう。接続法第 2 式を使ってください。

(1) クラウスとマリーアは，もっと時間があったら，もっとスポーツができるのだけど。

wenn / Klaus und Maria / mehr Zeit / haben / , / sie / mehr Sport / machen / können / .

_____

_____

(2) 君の立場だったらマキコを一度デートに誘うだろうな。

an deiner Stelle / ich / Makiko / einmal / zu einem Date / einladen / werden / .

_____

_____

> 「スポーツをする」は話し言葉では Sport machen が使われるよ！
>
> s Date [デイト] は英語からの外来語！

重要動詞変化表

メインダイアローグに出てくるすべての動詞およびその他の箇所から重要な動詞を取り上げました。

*…不規則動詞 |…分離箇所 現在 …現在人称変化 過去 …過去(基本)形 過分 …過去分詞 接Ⅱ …接続法第2式

arbeiten [árbaɪtən アルバイテン]

働く

Und es wird auch lange *gearbeitet*, oder?
それから働く時間も長いんでしょう？

現在			
ich	arbeite	wir	arbeiten
du	**arbeitest**	ihr	**arbeitet**
er	**arbeitet**	sie	arbeiten
		Sie	arbeiten

・du/er/ihr で口調上の e を入れる。

過去 arbeit**ete** 過分 ge**arbeitet**

checken [tʃékən チェッケン]

点検する

Und es ist wichtig, vorher das Fahrrad zu *checken*.
それから前もって自転車を点検しておくのも大切ね。

現在			
ich	checke	wir	checken
du	checkst	ihr	checkt
er	checkt	sie	checken
		Sie	checken

過去 check**te** 過分 ge**checkt**

dürfen* [dýrfən デュルフェン]

…してもよい

Und ich wollte immer Schokolade essen. Aber ich *durfte* nicht.
そして僕はいつもチョコレートが食べたかった。でも食べさせてもらえなかったんだ。

現在			
ich	**darf**	wir	dürfen
du	**darfst**	ihr	dürft
er	**darf**	sie	dürfen
		Sie	dürfen

・ich/du/er で不規則。

過去			
ich	**durfte**	wir	durften
du	durftest	ihr	durftet
er	durfte	sie	durften
		Sie	durften

過分 **dürfen** / **gedurft** 接Ⅱ dürfte

fahren* [fáːrən ファーレン]

(乗り物で) 行く

Sie hat gestern gesagt, dass sie heute nach Berlin *fahren* will.
彼女，今日はベルリンに行きたいって昨日言ってたよ。

現在			
ich	fahre	wir	fahren
du	**fährst**	ihr	fahrt
er	**fährt**	sie	fahren
		Sie	fahren

・du/er でウムラウトする。

過去 fuhr 過分 gefahren

finden* [fíndən フィンデン]

見つける；(…を…だと) 思う

Ich *finde* es unpraktisch, dass die Geschäfte hier sonntags geschlossen sind.
ここではお店が日曜に閉まっているのは不便だな。

現在			
ich	finde	wir	finden
du	**findest**	ihr	**findet**
er	**findet**	sie	finden
		Sie	finden

・du/er/ihr で口調上の e を入れる。

過去 fand 過分 gefunden

fragen [fráːgən フラーゲン]

尋ねる

Dann *frage* ich einmal Tina, ob sie Zeit hat.
じゃあティーナに時間があるかちょっと聞いてみよう。

現在			
ich	frage	wir	fragen
du	fragst	ihr	fragt
er	fragt	sie	fragen
		Sie	fragen

過去 frag**te** 過分 ge**fragt**

sich freuen [frɔ́yən フロイエン]

喜ぶ；楽しみにしている (再帰的用法で)

Ich *freue* mich schon drauf.
今から楽しみだわ。

現在			
ich	freue mich	wir	freuen uns
du	freust dich	ihr	freut euch
er	freut sich	sie	freuen sich
		Sie	freuen sich

過去 freu**te** 過分 ge**freut**

geben* [géːbən ゲーベン]

与える；【es gibt の形で】…がある，いる

Aber es *gibt* Wichtigeres im Leben als Geld, oder?
でも人生にはお金より大切なものってあるよね。

現在			
ich	gebe	wir	geben
du	**gibst**	ihr	gebt
er	**gibt**	sie	geben
		Sie	geben

・du/er で e が i になる。

過去 gab 過分 gegeben

gehen* [géːən ゲーエン]

行く

Ich bin mit Tina schwimmen *gegangen*.
私はティーナと泳ぎに行ったわ。

現在	ich	gehe		wir	gehen
	du	gehst		ihr	geht
	er	geht		sie	gehen
			Sie	gehen	

過去 **ging**　過分 **gegangen**

gehören [gəhǿːrən ゲヘーレン]

…のものである，…に属する

Wem *gehört* der Schirm, der da unter dem Stuhl liegt?
あそこの椅子の下にある傘は誰の？

現在	ich	gehöre		wir	gehören
	du	gehörst		ihr	gehört
	er	gehört		sie	gehören
			Sie	gehören	

過去 gehör**t**e　過分 gehör**t**
・過去分詞で ge- を（重ねて）付けない。

glauben [gláʊbən グラオベン]

思う，信じる

Ich *glaube*, sie kommt heute zur Uni.
彼女は今日大学に来ると思う。

現在	ich	glaube		wir	glauben
	du	glaubst		ihr	glaubt
	er	glaubt		sie	glauben
			Sie	glauben	

過去 glaub**t**e　過分 **ge**glaub**t**

haben* [háːbən ハーベン]

持っている

Hattest du Zeit für Sport?
運動する時間はあった？

現在	ich	habe		wir	haben
	du	**hast**		ihr	habt
	er	**hat**		sie	haben
			Sie	haben	

・du/er で不規則。

過去	ich	**hatte**		wir	hatten
	du	hattest		ihr	hattet
	er	hatte		sie	hatten
			Sie	hatten	

過分 **gehabt**　接Ⅱ hätte

heißen* [háɪsən ハイセン]

…という名前である

Der Japaner, der Deutsch lernt, *heißt* Naoki.
ドイツ語を勉強している日本人はナオキという名前だ。

現在	ich	heiße		wir	heißen
	du	**heißt**		ihr	heißt
	er	heißt		sie	heißen
			Sie	heißen	

・du では -t のみを付ける。

過去 **hieß**　過分 **geheißen**

hören [hǿːrən ヘーレン]

聞こえる，聞く

Hast du *gehört*?
聞いた？

現在	ich	höre		wir	hören
	du	hörst		ihr	hört
	er	hört		sie	hören
			Sie	hören	

過去 hörte　過分 **ge**hör**t**

jobben [dʒɔ́bən ジョッベン]

アルバイトをする

Ich habe leider keine Zeit, weil ich an der Tankstelle *jobben* muss.
残念だけど時間がない。ガソリンスタンドでバイトしなきゃならないんだ。

現在	ich	jobbe		wir	jobben
	du	jobbst		ihr	jobbt
	er	jobbt		sie	jobben
			Sie	jobben	

過去 jobb**t**e　過分 **ge**jobb**t**

kaufen [káʊfən カオフェン]

買う

Ich würde mir ein großes Haus *kaufen*.
大きな家を買うだろうな。

現在	ich	kaufe		wir	kaufen
	du	kaufst		ihr	kauft
	er	kauft		sie	kaufen
			Sie	kaufen	

過去 kauf**t**e　過分 **ge**kauf**t**

kommen* [kɔ́mən コンメン]

来る
Weißt du, wann Hanna heute zur Uni *kommt?*
ハンナが今日いつ大学に来るか知ってる？

現在	ich	komme		wir	kommen
	du	kommst		ihr	kommt
	er	kommt		sie	kommen
			Sie kommen		

過去 **kam**	過分 **gekommen**

können* [kœ́nən ケンネン]

…できる
Und ich *könnte* viel reisen.
そしてたくさん旅行ができる。

現在	ich	**kann**		wir	können
	du	**kannst**		ihr	könnt
	er	**kann**		sie	können
			Sie können		

・ich/du/er で不規則。

過去	ich	**konnte**		wir	konnten
	du	**konntest**		ihr	konntet
	er	konnte		sie	konnten
			Sie konnten		

過分 **können / gekonnt**	接II könnte

lassen* [lásən ラッセン]

…させる；…させておく
Und André hat seine Mütze auf dem Sofa
liegen *lassen.*
そしてアンドレは帽子をソファーに置き忘れた。

現在	ich	lasse		wir	lassen
	du	**lässt**		ihr	lasst
	er	**lässt**		sie	lassen
			Sie lassen		

・du/er でウムラウトする。
・du では -t のみを付ける。

過去	ich	**ließ**		wir	ließen
	du	ließt		ihr	ließt
	er	ließ		sie	ließen
			Sie ließen		

過分 **lassen / gelassen**	接II ließe

lernen [lérnən レルネン]

勉強する
Ich musste für eine Klausur *lernen.*
試験のために勉強しなくちゃならなかったんだ。

現在	ich	lerne		wir	lernen
	du	lernst		ihr	lernt
	er	lernt		sie	lernen
			Sie lernen		

過去 lern**te**	過分 **ge**lern**t**

lesen* [lé:zən レーゼン]

読む
Wird in Japan viel Zeitung *gelesen?*
日本ではたくさん新聞が読まれているの？

現在	ich	lese		wir	lesen
	du	**liest**		ihr	lest
	er	**liest**		sie	lesen
			Sie lesen		

・du/er で e が ie になる。
・du では -t のみを付ける。

過去 **las**	過分 **gelesen**

liegen* [lí:gən リーゲン]

…にある，横たわっている
Wem gehört der Schirm, der da unter dem
Stuhl *liegt?*
あそこの椅子の下にある傘は誰の？

現在	ich	liege		wir	liegen
	du	liegst		ihr	liegt
	er	liegt		sie	liegen
			Sie liegen		

過去 **lag**	過分 **gelegen**

machen [máxən マッヘン]

する；作る
Was hast du denn *gemacht?*
何をしたの？

現在	ich	mache		wir	machen
	du	machst		ihr	macht
	er	macht		sie	machen
			Sie machen		

過去 mach**te**	過分 **ge**mach**t**

mit|kommen* [mítkɔmən ミット・コメン]

いっしょに来る
Kommst du *mit?*
いっしょに来る？

現在	ich	komme … mit		wir	kommen … mit
	du	kommst … mit		ihr	kommt … mit
	er	kommt … mit		sie	kommen … mit
			Sie kommen … mit		

過去 **kam** … **mit**	過分 mit**gekommen**

mit|nehmen* [mítne:mən ミット・ネーメン] ―――

持っていく〈くる〉
Vergiss dieses Mal nicht, ein Handtuch *mit-zunehmen*.
今回はタオルを持ってくるのを忘れないでね。

現在	ich nehme … mit	wir nehmen … mit
	du **nimmst**… mit	ihr nehmt … mit
	er **nimmt** … mit	sie nehmen … mit
	Sie nehmen … mit	

・du/er で e が i になる。
・du/er で子音字が変化する。

過去 **nahm** … mit	過分 **mitgenommen**

müssen* [mýsən ミュッセン] ―――

…しなければならない
Ich *musste* für eine Klausur lernen.
試験のために勉強しなくちゃならなかったんだ。

現在	ich **muss**	wir müssen
	du **musst**	ihr müsst
	er **muss**	sie müssen
	Sie müssen	

・ich/du/er で不規則。

過去	ich **musste**	wir musten
	du musstest	ihr musstet
	er musste	sie mussten
	Sie mussten	

過分 **müssen / gemusst**	接Ⅱ **müsste**

nehmen* [né:mən ネーメン] ―――

取る，…にする
Zuerst wollte ich das Steak *nehmen*, aber dann habe ich doch die Forelle *genommen*.
最初はステーキにしようと思ったけれど，でもやっぱりマスにしたんだ。

現在	ich nehme	wir nehmen
	du **nimmst**	ihr nehmt
	er **nimmt**	sie nehmen
	Sie nehmen	

・du/er で e が i になる。
・du/er で子音字が変化する。

過去 **nahm**	過分 **genommen**

öffnen [œfnən エフネン] ―――

開ける，開く
Sind die Geschäfte in Japan sonntags *ge-öffnet*?
日本ではお店は日曜も開いているの？

現在	ich öffne	wir öffnen
	du **öffnest**	ihr **öffnet**
	er **öffnet**	sie öffnen
	Sie öffnen	

・du/er/ihr で口調上の e を入れる。

過去 öffn**e**te	過分 ge**öffnet**

regnen [ré:gnən レーグネン] ―――

雨が降る
Wenn es heute nicht *regnet*, will ich in den Biergarten gehen.
今日雨が降らなかったら，ビアガーデンに行きたいな。

現在 es **regnet**
・口調上の e を入れる。
・es は非人称主語。

過去 regn**e**te	過分 geregn**e**t

reisen [ráɪzən ライゼン] ―――

旅をする，旅行する
Und ich könnte viel *reisen*.
そしてたくさん旅行ができる。

現在	ich reise	wir reisen
	du **reist**	ihr reist
	er reist	sie reisen
	Sie reisen	

・du では -t のみを付ける。

過去 reiste	過分 gereist

sagen [zá:gən ザーゲン] ―――

言う
Sie hat gestern *gesagt*, dass sie heute nach Berlin fahren will.
彼女，今日はベルリンに行きたいって昨日言ってたよ。

現在	ich sage	wir sagen
	du sagst	ihr sagt
	er sagt	sie sagen
	Sie sagen	

過去 sag**te**	過分 **ge**sag**t**

schreiben* [ʃráɪbən シュライベン] ―――

書く
Ich habe im Computerraum eine E-Mail *ge-schrieben*.
コンピューター室で E メールを書いていたんだ。

現在	ich schreibe	wir schreiben
	du schreibst	ihr schreibt
	er schreibt	sie schreiben
	Sie schreiben	

過去 **schrieb**	過分 **geschrieben**

schwimmen* [ʃwímən シュヴィンメン]

泳ぐ
Ich bin mit Tina *schwimmen* gegangen.
私はティーナと泳ぎに行ったわ。

現在	ich	schwimme		wir	schwimmen
	du	schwimmst		ihr	schwimmt
	er	schwimmt		sie	schwimmen
			Sie schwimmen		

過去 **schwamm**	過分 **geschwommen**

sein* [záɪn ザイン]

…である；(…に) ある，いる
Wie *war* dein Wochenende?
週末はどうだった？

現在	ich	**bin**		wir	**sind**
	du	**bist**		ihr	**seid**
	er	**ist**		sie	**sind**
			Sie **sind**		

・いずれも不規則。

過去	ich	**war**		wir	waren
	du	warst		ihr	wart
	er	war		sie	waren
			Sie waren		

過分 **gewesen**	接Ⅱ **wäre**

sollen* [zɔ́lən ゾレン]

…するよう求められている；…してほしい
Wer etwas weiß, *soll* die Hand heben.
何か知っている人は手をあげてほしい。

現在	ich	**soll**		wir	sollen
	du	sollst		ihr	sollt
	er	**soll**		sie	sollen
			Sie sollen		

・ich/er で不規則。

過去	ich	**sollte**		wir	sollten
	du	solltest		ihr	solltet
	er	sollte		sie	sollten
			Sie sollten		

過分 **sollen / gesollt**	接Ⅱ **sollte**

spielen [ʃpíːlən シュピーレン]

(サッカーなどを) する；遊ぶ
Eigentlich wollte ich mit Thilo Fußball *spielen*.
本当はティーロとサッカーをしたかったんだ。

現在	ich	spiele		wir	spielen
	du	spielst		ihr	spielt
	er	spielt		sie	spielen
			Sie spielen		

過去 spiel**te**	過分 **ge**spiel**t**

sprechen* [ʃpréçən シュプレッヒェン]

話す
Wenn ich doch besser Deutsch *sprechen* könnte!
もっとうまくドイツ語を話せたらなあ！

現在	ich	spreche		wir	sprechen
	du	**sprichst**		ihr	sprecht
	er	**spricht**		sie	sprechen
			Sie sprechen		

・du/er で e が i になる。

過去 **sprach**	過分 **gesprochen**

suchen [zúːxən ズーヘン]

探す
Wo warst du denn? Ich habe dich *gesucht*!
どこにいたの？探していたんだよ！

現在	ich	suche		wir	suchen
	du	suchst		ihr	sucht
	er	sucht		sie	suchen
			Sie suchen		

過去 such**te**	過分 **ge**such**t**

tanzen [tántsən タンツェン]

踊る
Und dieser Schal gehört seiner Freundin Emma, mit der ich *getanzt* habe.
で，このマフラーは僕がいっしょに踊った彼の彼女のエマのだね。

現在	ich	tanze		wir	tanzen
	du	**tanzt**		ihr	tanzt
	er	tanzt		sie	tanzen
			Sie tanzen		

・du では -t のみを付ける。

過去 tanz**te**	過分 **ge**tanz**t**

tragen* [tráːgən トラーゲン]

運ぶ；身につけている
Hilf mir bitte, das Gepäck zu *tragen*!
荷物を運ぶのを手伝って！

現在	ich	trage		wir	tragen
	du	**trägst**		ihr	tragt
	er	**trägt**		sie	tragen
			Sie tragen		

・du/er でウムラウトする。

過去 **trug**	過分 **ge**tragen

trinken* [tríŋkən トリンケン]

飲む
Wird in Japan viel Reiswein *getrunken*?
日本ではたくさん日本酒が飲まれているの？

現在		
ich trinke		wir trinken
du trinkst		ihr trinkt
er trinkt		sie trinken
	Sie trinken	

| 過去 **trank** | 過分 **getrunken** |

vergessen* [fɛɐɡésən フェアゲッセン]

忘れる
Vergiss dieses Mal nicht, ein Handtuch mit-
zunehmen.
今回はタオルを持ってくるのを忘れないでね。

現在		
ich vergesse		wir vergessen
du **vergisst**		ihr vergesst
er **vergisst**		sie vergessen
	Sie vergessen	

・du/er で e が i になる。
・du では -t のみを付ける。

| 過去 **vergaß** | 過分 **vergessen** |

・過去分詞で ge- を付けない。

verstehen* [fɛɐʃtéːən フェアシュテーエン]

理解する
Es ist nicht leicht, diesen Text zu *verstehen*.
このテキストを理解するのは簡単ではない。

現在		
ich verstehe		wir verstehen
du verstehst		ihr versteht
er versteht		sie verstehen
	Sie verstehen	

| 過去 **verstand** | 過分 **verstanden** |

・過去分詞で ge- を付けない。

vor|haben* [fóːɐɡhaːbən フォーア・ハーベン]

予定している
Er *hat vor*, auch mitzukommen.
彼もいっしょに来る予定だよ。

現在		
ich habe … vor		wir haben … vor
du **hast** … vor		ihr habt … vor
er **hat** … vor		sie haben … vor
	Sie haben … vor	

・du/er で不規則。

| 過去 **hatte** … vor | 過分 **vor**gehabt |

vor|stellen [fóːɐʃtɛlən フォーア・シュテレン]

紹介する
André ist der Student aus Paris, den ich dir
vorgestellt habe.
アンドレは紹介してあげたパリからの学生だよ。

現在		
ich stelle … vor		wir stellen … vor
du stellst … vor		ihr stellt … vor
er stellt … vor		sie stellen … vor
	Sie stellen … vor	

| 過去 **stell**te … vor | 過分 **vor**ge**stell**t |

werden* [wéːɐdən ヴェーアデン]

…になる；【受動の助動詞として】…される
Wird in Japan viel Reiswein getrunken?
日本ではたくさん日本酒が飲まれているの？

現在		
ich werde		wir werden
du **wirst**		ihr **werdet**
er **wird**		sie werden
	Sie werden	

・du/er で不規則。
・ihr で口調上の e を入れる。

過去		
ich **wurde**		wir wurden
du wurdest		ihr wurdet
er wurde		sie wurden
	Sie wurden	

| 過分 **geworden / worden** | 接II würde |

wissen* [vísən ヴィッセン]

知っている
Weißt du, wann Hanna heute zur Uni kommt?
ハンナが今日いつ大学に来るか知ってる？

現在		
ich **weiß**		wir wissen
du **weißt**		ihr wisst
er **weiß**		sie wissen
	Sie wissen	

・ich/du/er で不規則。

| 過去 **wusste** | 過分 **gewusst** |

wollen* [vɔ́lən ヴォレン]

…するつもりだ，…したい
Eigentlich *wollte* ich mit Thilo Fußball spielen.
本当はティーロとサッカーをしたかったんだ。

現在		
ich **will**		wir wollen
du **willst**		ihr wollt
er **will**		sie wollen
	Sie wollen	

・ich/du/er で不規則。

過去		
ich **wollte**		wir wollten
du wolltest		ihr wolltet
er wollte		sie wollten
	Sie wollten	

| 過分 **wollen / gewollt** | 接II wollte |

重要不規則動詞一覧

| 不定詞 | 直説法 | | 接続法
第2式 | 過去分詞 |
	現在	過去基本形		
backen 焼く		**backte**	backte	**gebacken**
bleiben とどまる		**blieb**	bliebe	**geblieben**
bringen 持って行く		**brachte**	brächte	**gebracht**
denken 思う		**dachte**	dächte	**gedacht**
dürfen …してもよい	*ich* darf *du* darfst *er* darf	**durfte**	dürfte	**dürfen** **gedurft**
essen 食べる	*du* isst *er* isst	**aß**	äße	**gegessen**
fahren （乗り物で）行く	*du* fährst *er* fährt	**fuhr**	führe	**gefahren**
fallen 落ちる	*du* fällst *er* fällt	**fiel**	fiele	**gefallen**
fangen 捕まえる	*du* fängst *er* fängt	**fing**	finge	**gefangen**
finden 見つける		**fand**	fände	**gefunden**
fliegen 飛ぶ		**flog**	flöge	**geflogen**
geben 与える	*du* gibst *er* gibt	**gab**	gäbe	**gegeben**
gehen 行く		**ging**	ginge	**gegangen**
haben 持っている	*du* hast *er* hat	**hatte**	hätte	**gehabt**
halten つかんでいる	*du* hältst *er* hält	**hielt**	hielte	**gehalten**
heißen …という名前だ		**hieß**	hieße	**geheißen**
helfen 手伝う	*du* hilfst *er* hilft	**half**	hülfe (hälfe)	**geholfen**
kennen 知っている		**kannte**	kennte	**gekannt**
kommen 来る		**kam**	käme	**gekommen**
können …できる	*ich* kann *du* kannst *er* kann	**konnte**	könnte	**können** **gekonnt**
lassen …させる	*du* lässt *er* lässt	**ließ**	ließe	**lassen** **gelassen**
laufen 走る	*du* läufst *er* läuft	**lief**	liefe	**gelaufen**
lesen 読む	*du* liest *er* liest	**las**	läse	**gelesen**
liegen 横になっている		**lag**	läge	**gelegen**
mögen …が好きだ	*ich* mag *du* magst *er* mag	**mochte**	möchte	**gemocht** **mögen**
müssen …ねばならない	*ich* muss *du* musst *er* muss	**musste**	müsste	**müssen** **gemusst**

不定詞	直説法		接続法 第2式	過去分詞
	現在	過去基本形		
nehmen 取る	*du* nimmst *er* nimmt	**nahm**	nähme	**genommen**
rufen 呼ぶ		**rief**	riefe	**gerufen**
schlafen 眠る	*du* schläfst *er* schläft	**schlief**	schliefe	**geschlafen**
schließen 閉める		**schloss**	schlösse	**geschlossen**
schreiben 書く		**schrieb**	schriebe	**geschrieben**
schwimmen 泳ぐ		**schwamm**	schwömme (schwämme)	**geschwommen**
sehen 見える	*du* siehst *er* sieht	**sah**	sähe	**gesehen**
sein …である	*ich* bin *du* bist *er* ist *wir* sind *ihr* seid *sie* sind	**war**	wäre	**gewesen**
sitzen 座っている		**saß**	säße	**gesessen**
sollen …すべきだ	*ich* soll *du* sollst *er* soll	**sollte**	sollte	**sollen** **gesollt**
sprechen 話す	*du* sprichst *er* spricht	**sprach**	spräche	**gesprochen**
stehen 立っている		**stand**	stünde (stände)	**gestanden**
sterben 死ぬ	*du* stirbst *er* stirbt	**starb**	stürbe	**gestorben**
streichen 塗る		**strich**	striche	**gestrichen**
tragen 運ぶ	*du* trägst *er* trägt	**trug**	trüge	**getragen**
treffen 会う	*du* triffst *er* trifft	**traf**	träfe	**getroffen**
trinken 飲む		**trank**	tränke	**getrunken**
tun する		**tat**	täte	**getan**
vergessen 忘れる	*du* vergisst *er* vergisst	**vergaß**	vergäße	**vergessen**
waschen 洗う	*du* wäschst *er* wäscht	**wusch**	wüsche	**gewaschen**
werden …になる	*du* wirst *er* wird	**wurde**	würde	**geworden** **worden**
wissen 知っている	*ich* weiß *du* weißt *er* weiß	**wusste**	wüsste	**gewusst**
wollen …するつもりだ	*ich* will *du* willst *er* will	**wollte**	wollte	**wollen** **gewollt**
ziehen 引く		**zog**	zöge	**gezogen**

著　者

大薗正彦（おおぞの　まさひこ）
　　静岡大学

Roland Schulz（ローランド・シュルツ）
　　島根大学

ドイツ語ネクスト・ステージ [改訂版]

2024年2月20日　第1版発行

著　者——大薗正彦
　　　　　Roland Schulz

発行者——前田俊秀

発行所——株式会社三修社

　　　　〒150-0001 東京都渋谷区神宮前 2-2-22
　　　　TEL 03-3405-4511 / FAX 03-3405-4522
　　　　振替 00190-9-72758
　　　　https://www.sanshusha.co.jp
　　　　編集担当　菊池　暁

組版所——株式会社欧友社
印刷所——広研印刷株式会社

　　表紙デザイン —— 土橋公政
　　本文イラスト —— 佐藤睦美
　　　本文写真 —— 石田沙耶香　鈴木明果

© 2024 Printed in Japan ISBN978-4-384-13107-9 C1084